Kleingärten

Kleingärten

Caroline Foley

Obst und Gemüse selbst anbauen, pflegen, ernten

Mit Fotos von Clive Nichols

Bechtermünz

Für die Kleingärtner überall

und für meine Töchter

Catherine und Francesca

Titel der Originalausgabe
Practical Allotment Gardening
Zuerst veröffentlicht 2002
von New Holland Publishers (UK) Ltd., London

Deutsche Erstausgabe

Redaktion und Lektorat: Sandra Raphael, Rosemary Wilkinson, Clare Johnson
Layout und Design: Lisa Tai
Spezialfotografie: Clive Nichols
Illustrationen: Kate Simunek
Bildredaktion: Joanne Beardwell
Koordination und Bearbeitung der deutschen Ausgabe: Neumann & Nürnberger, Leipzig
Übertragung ins Deutsche:
Regina van Treeck, Leipzig
Umschlaggestaltung: Mario Lehmann, Augsburg
Umschlagmotiv: Clive Nichols
Gesamtherstellung: Times Offset, Malaysia

Printed in Malaysia

ISBN 3-8289-1648-1

Schmutztitel: Eine Vogelscheuche hält die Vögel von diesem Nutzgarten fern.

Titelseiten: Diese Luftaufnahme von einer Kleingartenanlage zeigt ordentliche Gemüsezeilen auf gepflegten Parzellen.

Oben: Kleingärtner sind oftmals sehr findige Leute. Hier wurden leere Kunststoffflaschen in Vogelscheuchen verwandelt.

Bildnachweis

Caroline Foley: 5, 9, 10, 13 oben, 15 oben, 19 unten, 24 oben rechts und unten, 51 oben rechts, 63 unten, 67 oben; **Flowers & Foliage:** 44 oben, 51 oben links; **Garden Picture Library:** L. Burgess 91 unten; D. Cavagnaro 21; J. Glover 87; M. Howes 1; J. Hurst 11, 34 oben; H. Rice 70; A. Scaresbrook 12 unten; J. Wade 18 unten; P. Windsor 65; **John Glover:** 15 unten rechts, 27 oben, 35, 55 oben links, 69 unten, 74, 92; **Holt Studios:** R. Anthony 42 unten, 54; A. Burridge 72; N. Cattlin 24 oben links, 30 oben, 40 unten, 41 oben, 42 oben, 47, 77 oben und Mitte, 82, 84, 85; B. Gibbons 49 oben, 75; W. Harinck 31 unten; M. Mayer 89 unten; R. Mayer 20, 58, 73 oben; **David Markson:** 50 oben, 93 (Yalding Organic Gardens, Kent); **Peter McHoy:** 14, 80; **Clive Nichols:** 6, 8, 15 unten links, 18 oben (Yalding Organic Gardens, Kent), 19 oben, 25 oben (Yalding), 26, 27 unten (Yalding), 28 – 29, 30 unten (Yalding), 32 – 33, 37 links (Yalding), 37 rechts, 39, 40 oben (Yalding), 41 unten, 43 oben, 44 unten, 45 oben, 46 unten, 48, 51 unten, 52, 55 oben rechts, 55 unten (Yalding), 56 unten links und unten rechts, 59 (Yalding), 66, 68 (Yalding), 71 unten, 76 (Yalding), 77 unten (Yalding), 78 oben, 79 unten (Yalding), 81, 91 oben; **Photos Horticultural:** 22, 23 oben, 24 oben Mitte, 25 unten, 31 oben und Mitte, 38, 46 oben, 49 unten links, 56 oben, 60, 63 oben, 73 unten, 89 oben, 90; **Sea Spring Photos:** 34 unten, 43 unten, 53, 61, 62, 64, 88; **Harry Smith:** 2 – 3, 12 oben, 23 unten, 57, 67 unten, 71 oben; **Derek St. Romaine:** 13 unten, 16, 36 oben, 36 unten (Hampton Court Flower Show 1998, Leyhill Prison), 45 unten, 49 unten rechts, 50 unten.

INHALT

EINFÜHRUNG

△ Kleingärten sind Oasen in der Großstadt, Orte, an denen man entspannen und Naturprodukte anbauen kann, die frischer, gesünder, preiswerter und viel schmackhafter als gekauftes Obst und Gemüse sind.

An einem strahlend schönen Julimorgen saß ich auf einem umgekippten Baumstamm in einer Londoner Kleingartenanlage. Die Sonne schien warm auf mein Gesicht und überall flogen Bienen und Schmetterlinge umher. Himbeeren und Schwarze Johannisbeeren wuchsen in Reichweite – ich brauchte nur die Hand auszustrecken. Das einzige Geräusch war der Gesang der Vögel. Ich war gerade dem Lärm des Berufsverkehrs in den dunstigen Straßen entkommen und fühlte mich nun wie im Garten Eden.

Um mich herum waren Reihen mit Gemüse, blühenden Kartoffeln und verschiedenen Kohlarten – das eigentlich Typische und Wesentliche an einem Nutzgarten. Manche Parzellen widerspiegelten die ganz persönlichen Interessen der Kleingärtner. Ein Dahlienliebhaber züchtete Pflanzen mit tellergroßen Blüten, ein Arzt zog Wicken für sein Sprechzimmer und eine junge Mutter baute Blumen als Altarschmuck für ihre Kirche und für Trockensträuße an, die sie bei einem Schulfest verkaufen wollte. Auf den Beeten standen dekorative Salatköpfe wie Tupfen, gekreuzte Stangen mit feuerrot blühenden Prunkbohnen und die auffälligen Blütenstände der Artischocken. Unter dem Schutz ausrangierter Fenster reifte Paprika neben Auberginen und Melonen.

Klein- oder Nutzgärten sind Oasen in der Großstadt und Medizin gegen den Stress. Älteren Menschen bieten sie eine befriedigende Beschäftigung, Hochhausbewohnern ein Fleckchen Erde und Sonne, all jenen, die die ganze Woche über im Büro stecken, eine Art Rettungsanker.

Wir müssen allerdings aufpassen, dass uns unsere Gartenparzellen nicht verloren gehen. Gärten in erstklassigen Stadtlagen werfen für Bauplaner Riesenprofite ab. Bei uns in England scheinen unter Kündigungsschutz stehende Kleingartenanlagen sicher zu sein, da die Entscheidung eine solche Anlage zu schließen nur der Innenminister treffen kann. Am meisten gefährdet sind die provisorisch entstandenen Anlagen.

Nur allzu oft fallen sie dem Bauboom zum Opfer, wenn die betroffenen Kleingartenbesitzer versäumen rechtzeitig aktiv zu werden oder in ihrer Angelegenheit Verbündete mobilisieren. Mitunter macht sich in Kleingartenanlagen unbemerkt ein Zustand der Vernachlässigung breit, sind Vandalismus und Diebstahl Tür und Tor geöffnet. Ist der Standort nicht an die Wasserversorgung angeschlossen, fehlt es möglicherweise an Bewerbern für die aufgegebenen Parzellen. Besteht keine spürbare Nachfrage, ist es schwierig Rechtsgründe gegen eine Schließung vorzubringen. Doch nimmt man den Kampf auf, können auch Wunder geschehen. Der berühmteste Vollstreckungsaufschub war der für die New Yorker Guerilla Gardens. Damals griff in letzter Minute die Schauspielerin Bette Midler mit dem Scheckbuch in der Hand ein.

Kleingartenanlagen haben eine lange Tradition. Sie entstanden aus der Notwendigkeit unterstützungsbedürftigen Werktätigen zum Anbau von Nahrungsmitteln ein kleines Stück Land zuzuweisen. In England begann man stellenweise bereits im 18. Jahrhundert kleine Wirtschaftsgärten anzulegen, als die Enclosure Acts den Dorfbewohnern das Recht auf das Gemeindeland nahmen. Um die Mitte des 19. Jahrhunderts hatten sich die Kleingärten überall in Europa etabliert. Mit der Industrialisierung entstanden sie in der unmittelbaren Umgebung vieler Städte. Im Ersten und Zweiten Weltkrieg wurde vom Park bis zum privaten Garten jedes Stückchen Land zum Nutzgarten gemacht. Kampagnen zur Kultivierung und Bebauung des Bodens für den Sieg waren in Europa und Amerika weit verbreitet.

Jetzt, im 21. Jahrhundert, verlagert sich der Schwerpunkt allmählich. Während die kleinen Nutzgärten für die Ernährung der Armen überall in der Welt noch immer eine lebenswichtige Rolle spielen, sind auf dem europäischen Kontinent inzwischen viele solcher Parzellen zu Freizeitgärten geworden, in denen von Zierpflanzen umgebene Wochenendhäuschen stehen. Sie haben weniger mit dem Überleben zu tun, sondern mehr mit unserem Lebensstil, mit den Vorteilen frischer Luft und körperlicher Ausarbeitung für die Gesundheit und mit dem Wunsch unsere Familien mit frischen Naturprodukten zu versorgen.

Es gibt gute Gründe für das organische Gärtnern, das immer mehr Anhänger findet. Die durch die intensiven Anbaumethoden hervorgerufene Unsicherheit und Angst vor gesundheitsschädlichen Lebensmitteln haben unsere Selbstzufriedenheit erschüttert und Argwohn gegenüber den Dingen geweckt, die auf unsere Teller kommen. Ein Ausweg aus dieser Situation ist der Kauf von Naturerzeugnissen aus der Ökolandwirtschaft. Noch besser ist es Obst und Gemüse selbst zu ziehen – es ist frischer und preiswerter.

Die Sorgen um den Wildtierbestand und das Umwelterbe, das wir an die künftigen Generationen weitergeben, haben die Menschen veranlasst ihre bisherigen Lebensgewohnheiten zu überdenken. Nahrungsmittel zu kaufen, die vom anderen Ende der Welt eingeflogen worden sind, ist genauso wie die riesige Menge Haushaltabfall, der auf den Deponien landet, eine Verschwendung von Ressourcen. Ein Großteil davon könnte zum Nutzen unserer Pflanzen kompostiert werden, statt letzten Endes die Umwelt zu belasten.

Beim organischen Gärtnern geht es um das vernünftige Zusammenwirken mit der Natur. Statt zusammen mit den Schädlingen auch die Nützlinge zu vernichten und die Umwelt zu beeinträchtigen, lockt man die nützlichen Räuber an und lässt sie für sich arbeiten. Die Anreicherung mit viel Komposterde lässt im Boden ein reiches Leben mikroskopisch kleiner Organismen entstehen, deren Tätigkeit die Pflanzen auch ohne chemischen Dünger gedeihen lässt; das Lockern des Bodens übernehmen überdies die Würmer. Das organische Gärtnern ist uralt und es gibt scheinbar nichts Neues hinzuzulernen. Mit dem Wiederaufleben dieser Methode sind jedoch auch wertvolle neue Ideen und Verfahrensweisen entstanden.

Ich betrachte einen Kleingarten als ein Mittelding zwischen Hausgarten und landwirtschaftlichem Kleinbetrieb, in dem sich Verfahrensweisen aus beiden Bereichen als nützlich erweisen. Ein solcher Nutzgarten ist groß genug um Praktiken aus der Landwirtschaft zu entlehnen, doch auch klein genug um Pflanzen ganz individuell versorgen zu können. Für Kleingärtner ist die Parzelle seit jeher eine Sache des Stolzes darauf, dass man sich selbst versorgen kann. In diesem Sinne habe ich versucht die preiswertesten Möglichkeiten zu zeigen, doch wenn es günstiger schien eine Sache zu kaufen, habe ich in meinem Buch darauf hingewiesen.

Eine Gartenparzelle zu bewirtschaften ist mitunter zwar körperlich anstrengend, doch der Lohn ist greifbar. Nichts schmeckt so gut wie reif gepflücktes Obst oder junges Gemüse, das roh verzehrt wird oder ohne Umweg in den Kochtopf wandert. So frisch bekommen Sie diese Produkte gar nicht zu kaufen. Nicht in der Lagerhalle, sondern in der Sonne gereiftes Obst ist etwas Himmlisches und mit den meisten Früchten, die es zu kaufen gibt, nicht zu vergleichen. Kleingärtner essen wie Fürsten und sind vielleicht die Zufriedensten von allen. Sie können wirklich die Früchte ihrer Arbeit genießen.

Die Übernahme eines Kleingartens kann besonders dann, wenn die Parzelle zuvor vernachlässigt worden ist, eine ziemliche Herausforderung sein. Nur allzu leicht verliert man die Lust, wenn man versucht das ganze Grundstück in einem Ritt wieder auf Vordermann zu bringen. Stellen Sie deshalb einen Prioritätenplan auf und arbeiten Sie ihn so ab, wie es Ihre Zeit erlaubt.

Der neue Kleingarten 1

◁ Wicken und Winterastern zwischen Gemüsebeeten, wie man sie in vielen Kleingärten sieht, deren Nutzer nicht nur Naturerzeugnisse für ihren Tisch anbauen, sondern auch Freude an Blumen haben.

EINSCHÄTZUNG DES STANDORTES

Bevor Sie mit den Pflanzarbeiten beginnen, planen Sie sorgfältig die Standorte für die wichtigsten Elemente des Gartens – Treibhaus, Schuppen, Kompostbehälter, Gemüsebeete und Wege. Damit sparen Sie auf Dauer viel Zeit und Mühe.

- Erste Planung
- Wege Kurz geschorenes Gras, festgetretene Erde, Gehwegplatten
- Kontrollliste für den Standort
- **Projekt ~** ***Beeteinfassungen aus Holz***
- Wasser
- **Projekt ~** ***Anlegen eines Teiches***
- Kompost- und Dunghaufen

△ Ist der Aufbau kostspieliger Anlagen wie Treibhaus und Schuppen beendet, bestimmen Sie, wo Beete und Wege liegen sollen. Ordnen Sie sie so an, dass der verfügbare Platz rationell genutzt wird und dabei alle Bereiche des Gartens leicht zugänglich bleiben.

Erste Planung

Bevor Sie eine Gartenparzelle übernehmen, stellen Sie fest, ob es in Ihrer Gegend mehrere Kleingartenanlagen und -vereine gibt und statten Sie allen einen Besuch ab. Natürlich ist nicht eine Anlage wie die andere. Manche sind schön gelegen und bieten eine herrliche Aussicht, haben jedoch keinerlei Windschutz; andere liegen am Ende schmaler Gassen versteckt und sind von Häusern umgeben, haben dafür aber eine geschützte Lage. Viele Kleingartenanlagen ziehen sich an Eisenbahnstrecken entlang oder befinden sich an Bombenabwurfstellen aus der Zeit des Krieges. Man trifft auf sie an allen nur möglichen Orten.

Die Gemeinschaftseinrichtungen variieren; vom schmucken Vereinshaus bis zum Fehlen einer solchen Einrichtung gibt es die unterschiedlichsten Varianten. Manche Kleingartenvereine verfügen über eine Verkaufsstelle, in der verschiedene Waren zu Großhandelspreisen angeboten werden. Ein gut arbeitender Vorstand organisiert vielleicht die Anlieferung von Stallmist und Holzhäcksel en gros, von Paletten oder gar alten Teppichen. In manchen Anlagen sind hohe Zäune und Sicherheitsschlösser vorhanden, die Vandalen fern halten, gibt es gemeinschaftliche Komposthaufen, organisierten Saatguttausch und ein Gelände für wild lebende Tiere. Manche Vereine haben einen Geräteverleih, feiern kleine Feste oder informieren ihre Mitglieder per Rundschreiben über Vereinsangelegenheiten.

Haben Sie sich schließlich für eine Gartenparzelle entschieden, überlegen Sie wie sie genutzt werden soll. Berücksichtigen Sie dabei die Zeit, die Sie hier zu verbringen gedenken. Seien Sie realistisch. Können Sie nur an den Wochenenden hier sein, hat es keinen Sinn Naturerzeugnisse anzubauen, um die Sie sich im Sommer jeden Tag kümmern müssen, falls sich nicht jemand überreden lässt die Arbeit mit Ihnen zu teilen. Wollen Sie Blumen fürs Haus züchten? Möchten Sie die Sommerabende hier verbringen? Wenn ja, wäre eine geschützte, nach Westen liegende Ecke ideal, in der Sie die Abendsonne genießen könnten.

Sammeln Sie zunächst alle Informationen, die Sie über den Standort Ihrer Parzelle bekommen können. Nutzgärten gibt es in verschiedenen Größen; sie haben meist die Form langgestreckter Rechtecke. Zeichnen Sie das Grundstück grob maßstabsgerecht auf und fertigen Sie davon einige Fotokopien oder Pausen an. Der erste Plan zeigt den Grund und Boden, wie er ist. Bestimmen Sie die Himmelsrichtungen und zeichnen Sie als Anhaltspunkt einen nach Norden zeigenden Pfeil o. ä. ein. Liegt die Gartenparzelle ungeschützt? Prüfen Sie das örtliche Klima und die vorherrschende Windrichtung. Laufen Sie um das Grundstück herum und zeichnen Sie verunkrautete Stellen, schlammige und morastige Abschnitte oder andere erwähnenswerte Dinge ein. Erfragen Sie so viel Sie können von den Nachbarn. Tragen Sie alles, was Sie in Erfahrung gebracht haben, in den ersten Plan ein. Legen Sie auf dem zweiten Plan fest, wo die massiven und ortsfesten Anlagen – Schuppen, Wege, die wichtigsten Beete usw. – ihren Platz haben sollen. Behalten Sie eine dritte Kopie für den Bepflanzungsplan übrig.

Kontrollliste für den Standort

- Stellen Sie fest, ob der Weiterbestand der Kleingartenanlage gesichert ist.
- Machen Sie sich mit den Vorschriften vertraut. Sie sind von Land zu Land, von Stadt zu Stadt und von Verein zu Verein verschieden. Eine allgemeine Vorschrift verbietet beispielsweise die Anpflanzung von Bäumen, wenn diese Schatten auf andere Parzellen werfen können.
- Wird in der Anlage organisch gegärtnert? Wenn nicht, ist Ihr Gartennachbar vielleicht jemand, der alles mit Chemikalien besprüht?
- Wie sieht es mit Schuppen und Treibhäusern aus? Vielleicht können Sie ein Treibhaus von einem ehemaligen Besitzer übernehmen?
- Sind die benachbarten Parzellen voller Unkraut, das seine Samen über Ihren gesamten Garten verbreitet?
- Welche Bewässerungsmöglichkeiten gibt es?
- Existieren einschränkende Bestimmungen für den Pflanzenanbau?
- Erwartet man von Ihnen, dass Sie einige Stunden Gemeinschaftsarbeit leisten?
- Können Sie auch mit einer halben Parzelle beginnen?

Wege

Die Hauptwege sollten auf der kürzesten Verbindung vom Treibhaus zum Schuppen und von da zum Komposthaufen sowie vom Wasserfass zu den Blumen- und Gemüsebeeten liegen und ausreichend Platz für die Schubkarre bieten. Schmalere Wege werden zwischen den Beeten oder auch an einer Hecke angelegt, damit man beim Ver-

▽ Planen Sie so, dass der Hauptweg die bequemste Verbindung zu den Gartenbereichen ist und ausreichend Platz für die Schubkarre bietet.

schneiden nicht den gelockerten Boden betreten muss. Sie werden hin und wieder natürlich auch Nutzgärten mit festen, gepflasterten Wegen sehen; es ist allerdings vernünftiger, zunächst mit der preiswerteren Variante provisorischer Wege zu beginnen, die Sie nach einiger Zeit auch verlegen können, wenn Sie Ihren Wegeplan geändert haben.

- **Kurz geschorenes Gras** ergibt reizvolle Wege, die allerdings ständig gemäht und an den Rändern abgestochen werden müssen.
- **Festgetretene Erde** eignet sich als Variante für weniger wichtige Wege, beispielsweise an einer Beerenobsthecke. Diese Wege lassen sich auch ohne weiteres verlegen. Haben Sie Probleme mit Unkräutern oder Nässe, bedecken Sie diese Stellen zeitweilig mit Stroh oder mit Zeitungen, die Sie mit Grasschnitt oder Hobelspänen beschweren.
- **Alte Gehwegplatten** können in einem Sandbett direkt auf dem Boden ausgelegt werden. Verfugen Sie sie erst, wenn Sie ihren Wegeplan endgültig festgelegt haben.

▷ Die schmalen, erhöhten Beete mit einer Umrandung aus Baumstämmen sind durch Wege voneinander getrennt, auf denen der Gärtner alle Beete erreicht, ohne den gelockerten Boden betreten zu müssen und diesen dabei zu verdichten. Holzhäcksel auf einer Unkraut unterdrückenden Unterlage bilden angenehm begehbare Wege, die nicht gejätet werden müssen.

◁ Ein alter zerschnittener Teppich macht selbst den schlimmsten Unkräutern den Garaus, indem er ihnen das Licht nimmt. Die Teppichstreifen bilden einen provisorischen Weg, der fest und bequem zu begehen ist. Ein solcher Wegebelag verrottet aber schließlich.

◁ Alte Gehwegplatten bilden feste Wege, die lange Zeit überdauern. Legt man sie allerdings direkt auf dem Boden aus, ohne die Lücken mit Mörtel zu verfugen, können dazwischen wachsende Unkräuter zu einem Problem werden.

• PROJEKT •

Beeteinfassungen aus Holz

Beeteinfassungen aus Holz eignen sich gut zur Abtrennung der Wege von den Beeten und lassen sich zudem einfach herstellen. Verwenden Sie dazu alte Dielenbretter, Eisenbahnschwellen (nach Möglichkeit aufgearbeitet), Baumstämme oder Schnittholzreste. Niedrige Einfassungen trennen lediglich Wege und Beete voneinander; bauen Sie sie höher, können Sie auch Ihre Beete erhöhen. Das hat den Vorteil, dass Sie den Boden gezielt und genau dort verbessern können, wo es für eine bestimmte Anbaufrucht nötig ist. Sind die Beete so schmal, dass man über sie hinweg fassen kann, müssen Sie sie nicht betreten und der Boden bleibt locker.

Material

- **Einfassungsbretter**
- **kurze Pfähle**
- **Unkraut unterdrückendes Abdeckmaterial**
- **lockeres Material für die Wege**
- **Mutterboden und Kompost**

1 Legen Sie die Bereiche fest, die Sie als Beete nutzen wollen.
2 Schlagen Sie die Pfähle in den Boden ein und nageln Sie die Einfassungsbretter so an die Pfähle, dass Sie sich später nicht daran verletzen können.
3 Decken Sie die Wege mit Gartenvlies, strapazierfähiger schwarzer Polyethylenfolie oder mit Teppichstreifen mit grob gewebter Juterückseite ab um das Wachstum von Unkräutern zu unterdrücken.
4 Bedecken Sie die Wegflächen mit lockerem Material wie beispielsweise Kies, Rindenhäcksel, Hobelspänen oder Sägemehl.
5 Füllen Sie die Beetflächen mit gutem Mutterboden und Kompost auf.

Wasser

Am besten für die Pflanzen ist Regenwasser. Das Wasser aufzufangen ist nicht nur gut für den Gewässerschutz, sondern hat auch praktische Gründe. In manchen Kleingartenanlagen gibt es lediglich einige Zisternen oder Hydranten, d. h. Sie müssen das Wasser in der Gießkanne erst einmal in ihren Garten tragen. Wenn im Sommer alle Gärtner zur gleichen Zeit ihre Pflanzen gießen möchten, kann das Wasser schon einmal knapp werden und Unmut angesichts der langen Warteschlange an der Wasserstelle aufkommen.

Planen Sie so viele Wasserfässer ein wie Sie nur unterbringen können. Besitzen Sie einen Schuppen oder ein Treibhaus, bringen Sie an der Dachrinne ein Fallrohr an, das das Wasser vom Dach in die Fässer leitet. Ein Zapfhahn am Fass erleichtert die Wasserentnahme. Allerdings sollte der Behäl-

• PROJEKT •
Anlegen eines Teiches

Ein kleiner Teich im Garten schafft mehr Vielfalt und ein ausgewogeneres Milieu, denn er lockt Vögel und andere nützliche Wesen an. Darin können beispielsweise einige Frösche oder Kröten leben, die Ihnen helfen das Schneckenproblem in den Griff zu bekommen. Legen Sie den Teich an einem sonnigen Platz und in einiger Entfernung von Bäumen an, damit kein Laub auf die Wasserfläche fällt. In Gegenden mit kühlerem Klima sollte der Teich an einer Stelle mindestens 80 cm tief sein.

Schon ein altes steinernes Becken, ein großer verzinkter Futtertrog oder irgendein großer Behälter, ins Erdreich eingelassen, kann sich in einen Teich verwandeln, aber auch eine mit Folie ausgekleidete Vertiefung im Boden.

Ist der Teich fertig, legen Sie eine Planke hinein oder bauen Sie aus Steinen und großen Kieseln einige Stufen, auf denen die Tiere aus dem Wasser heraus- oder hineingelangen. Setzen Sie im Wasser Froschlaich, aber keine Fische aus; sie würden die Kaulquapen nämlich auffressen. Einheimische Pflanzen für den Teich und den Teichrand sind eine Ergänzung, die wild lebenden Tieren zu Gute kommt. Decken Sie den Teich mit strapazierfähigem Maschendraht ab, damit für Kinder keine Gefahr besteht.

Material

- **Teichfolie**
- **Spaten**
- **Sand oder alter Teppich**
- **schwere Steine für die Einfassung**
- **Planken oder große Kiesel**
- **Teichpflanzen**
- **Froschlaich**

1 Heben Sie für einen mit Folie ausgekleideten Teich eine Vertiefung aus, entfernen Sie scharfkantige Steine und alles, was die Folie beschädigen kann. Legen Sie in Ihrem Teich auch eine flache Stelle an, an der Vögel und andere Tiere baden und trinken können.
2 Bedecken Sie die Vertiefung mit einer Schicht Sand oder mit einem alten Teppich als zusätzlichen Schutz. Legen Sie darauf die Teichfolie und passen Sie sie der Form der ausgehobenen Vertiefung richtig an.
3 Werfen Sie etwas Unterboden auf den Grund und füllen Sie den Teich mit Wasser. Gießen Sie nach Möglichkeit auch einen Eimer Wasser aus einem bereits bestehenden Teich hinein; das beschleunigt die Entwicklung des Ökosystems in dem neuen Teich.
4 Ist der Teich voll, befestigen und verdecken Sie die Folie rund um den Rand mit schweren Steinen. Füllen Sie die Lücken dazwischen mit Erde auf.

◁ Ein Fallrohr vom Schuppendach in ein Fass liefert kostenloses Gießwasser. Leiten Sie das Regenwasser im Winter nicht ins Fass, es würde gefrieren oder alles rund um das Fass überschwemmen.

ter auf einigen Ziegelsteinen o. ä. erhöht stehen, damit die Gießkanne unter den Hahn passt. Damit das Fass nicht überläuft, bringen Sie unmittelbar unter dem Rand ein Überlaufrohr an, durch das das Wasser in einen zweiten Behälter oder in eine Ablaufrinne fließen und die Pflanzen bewässern kann. Decken Sie die Fässer ab, damit der Ablauf nicht mit herabgefallenen Blättern verstopft wird.

Kompost- und Dunghaufen

Kompost ist ein großartiger Bodenverbesserer. Lassen Sie an einer zugänglichen Stelle in der Nähe eines breiten Weges ausreichend Platz für drei große Kompostbehälter, an die Sie bequem mit der Schubkarre heranfahren können. Liegt Ihre Parzelle auf einem Hanggelände, wählen Sie dafür eine tiefer gelegene Stelle, da sich die verrotteten Gartenabfälle später leichter transportieren lassen. Auch sollte Ihr Gartensitzplatz möglichst weit davon entfernt sein, denn Kompost- und Dunghaufen riechen mitunter etwas streng.

Dung wird in der Regel von der Straße her angeliefert. Der ideale Platz für einen Dunghaufen ist also die der Straße und dem Entladeplatz nächstgelegene Stelle.

◁ △ Setzen Sie den Kompost- und den Dunghaufen möglichst weit von Ihrem Gartensitzplatz auf. Liegt Ihr Garten an einem Hang, wählen Sie eine tiefer gelegene Stelle, da die Abfälle beim Verrotten leichter werden.

PLANUNG DER BEETE

Unterschiedliche Pflanzen haben auch unterschiedliche Bedürfnisse. Einjährige Gemüsepflanzen und Blumen brauchen guten Boden und viel Sonne; Beerensträucher und mehrjährige Stauden sind weniger wählerisch, während Blattsalat etwas Schatten mag.

- Beete für einjährige Gemüsepflanzen
- Der perfekte Nutzgarten
- Dauerkulturen
  - Spargel
  - Obstbäume
  - Saatbeete
  - Beerenobst
  - Erdbeeren
- Beete für mehrjährige Pflanzen und für Kräuter

△ Kosmeen und Gartenringelblumen wachsen ganz im Stil der Bauerngärten zwischen Spinat, Mais und Rotkohl. Wird der Boden gesund und fruchtbar gehalten, können Sie die Pflanzen dicht an dicht setzen.

Haben Sie festgelegt, wo in Ihrem Garten die Dauerkulturen stehen sollen und was die bequemsten Wege dazwischen sind, teilen Sie als nächstes die hauptsächlichen Pflanzenarten nach ihren Bedürfnissen in Gruppen ein.

Beete für einjährige Gemüsepflanzen

Wählen Sie zunächst den Platz für die einjährigen Gemüsepflanzen aus. Diese Gewächse leisten in einer einzigen Saison Schwerstarbeit und brauchen erstklassige Bedingungen, die beste und sonnigste Südlage, die Sie ihnen nur bieten können. Sie benötigen vier oder besser fünf Beete für den Wechselanbau (siehe Kapitel 3, S. 35). Die Beete sollten in Nord-Süd-Richtung angelegt sein, sodass die Pflanzen ein Maximum an Sonneneinstrahlung haben und sich nicht gegenseitig beschatten. Rundum können mehrjährige Stauden gepflanzt werden.

Dem Fruchtwechsel liegt die Idee zu Grunde Pflanzen nach ihrer Zugehörigkeit zu einer botanischen Familie in Gruppen einzuteilen. Da sie miteinander verwandt sind, wird jede Gruppe wahrscheinlich von den gleichen Schädlingen und Krankheiten heimgesucht. Mit dem jährlichen Wechsel der Anbaufrüchte können Sie die Gefahr, dass der Boden von Schaderregern befallen wird, gering halten. Der Wechsel zwischen Pflanzen mit tief reichenden Pfahlwurzeln wie beispielsweise Möhren oder Pastinaken und Anbaufrüchten mit flachem Wurzelgeflecht wirkt sich zudem günstig auf die Bodenstruktur aus. Da es sich um einjährige Pflanzen handelt, können Sie die Beete am Ende der Saison abräumen und jedes Jahr von neuem beginnen; mit der Zeit werden Sie entdecken, welche Anbaufrüchte für die Bedingungen in Ihrem Garten am besten geeignet sind.

Für den Fruchtwechsel besonders gut geeignet sind erhöhte Beete. Der nährstoffreiche, tiefgründig gelockerte Boden darin regt die Pflanzenwurzeln an in die Tiefe und nicht nach der Seite zu wachsen. So bringen Sie auf der Fläche mehr un-

Der perfekte Nutzgarten

Beginnen Sie bei diesem Plan am unteren Ende, wo sich ein Dunghaufen, Kompostbehälter, ein Platz für wild lebende Tiere, ein Beet mit Beinwell, ein zusätzliches Wasserfass und einige Beerensträucher befinden. Ein Weg, der breit genug für die Schubkarre ist, führt an den Fruchtwechselbeeten vorbei bis zum oberen Ende des Nutzgartens. Die Fruchtwechselbeete sind in Nord-Süd-Richtung angelegt, damit sie möglichst viel Sonne haben und die Pflanzen sich nicht gegenseitig beschatten. Danach beginnt der eher dekorative Bereich mit höher wachsenden Pflanzen, die etwas Sichtschutz geben. Ein Stück weiter steht, wegen der Abendsonne nach Westen ausgerichtet, eine Sitzgelegenheit mit einem kleinen Teich davor. Hinter der Bank wachsen stachellose Beerenobstarten. Sie befinden sich nun im Wirtschaftsbereich mit Treibhaus, Schuppen, Wasserfässern, Frühbeet und Saatbeet, die beide nach Süden liegen müssen.

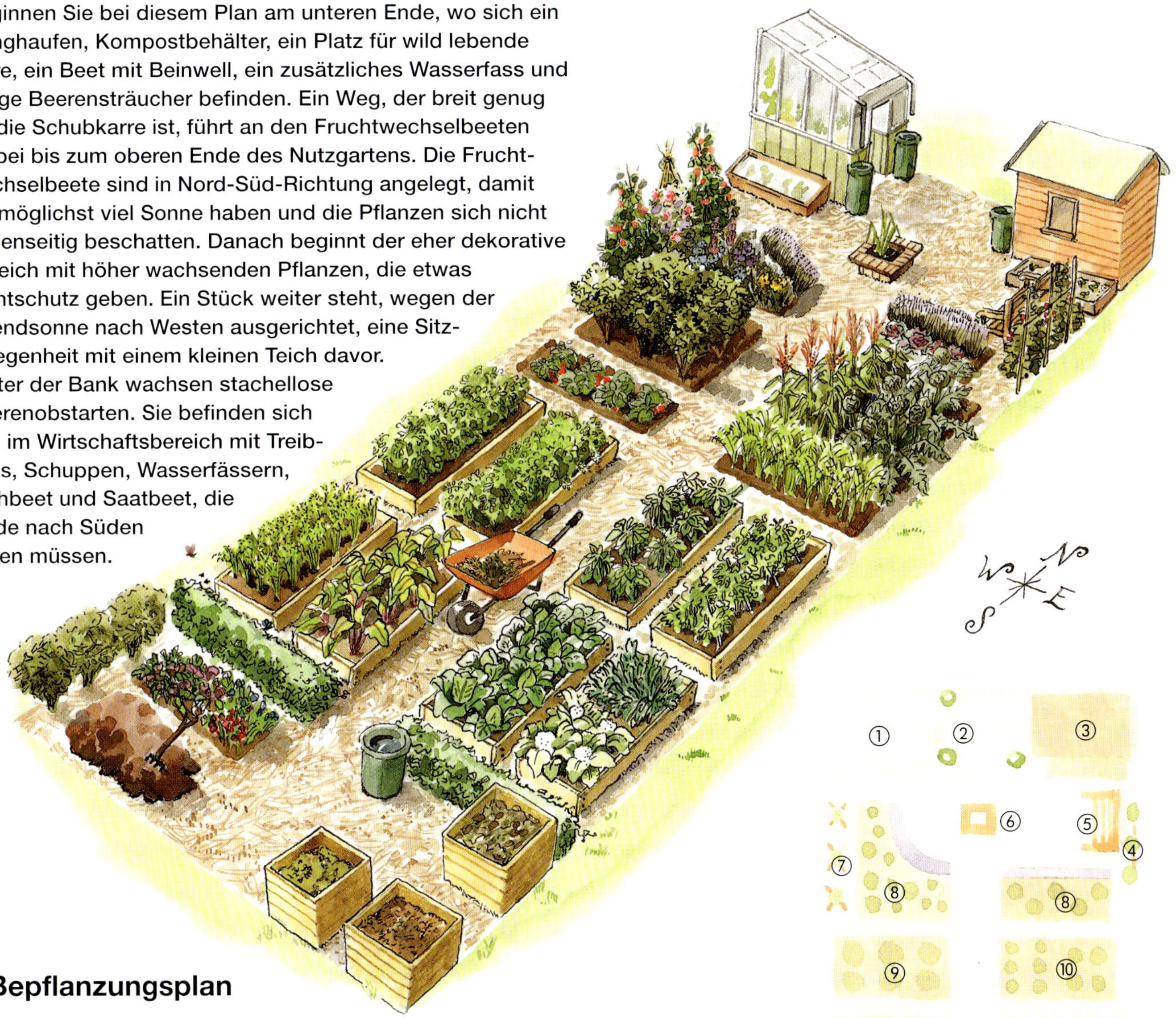

Bepflanzungsplan

① Treibhaus
② Wasserfässer mit Fallrohren vom Dach
③ Schuppen, davor das Saatbeet
④ Beerenobst
⑤ wegen der Abendsonne nach Westen gelegene Bank
⑥ Teich an einem sonnigen Standort
⑦ Beerenobst
⑧ Blumen und Ziergemüse
⑨ Strauchobst
⑩ Mais und Artischocken
⑪ Spargel
⑫ Erdbeeren
⑬ Gemüse für den Wechselanbau – Kartoffeln, Wurzelgemüse, Kohl, Hülsenfrüchte – auf erhöhten Beeten in Nord-Süd-Richtung, die nur so breit sind, dass man über sie hinweg fassen kann. Auf schmalen Wegen gelangen Sie von einem Beet zum anderen.
⑭ mit Efeu überwachsener, langgestreckter niedriger Wall aus Schnittabfällen für wild lebende Tiere
⑮ Kompostbehälter
⑯ zusätzliches Wasserfass
⑰ Beet mit Beinwell und Wildblumen
⑱ Weichobst
⑲ Dunghaufen
⑳ für die Schubkarre ausreichend breiter Mittelweg

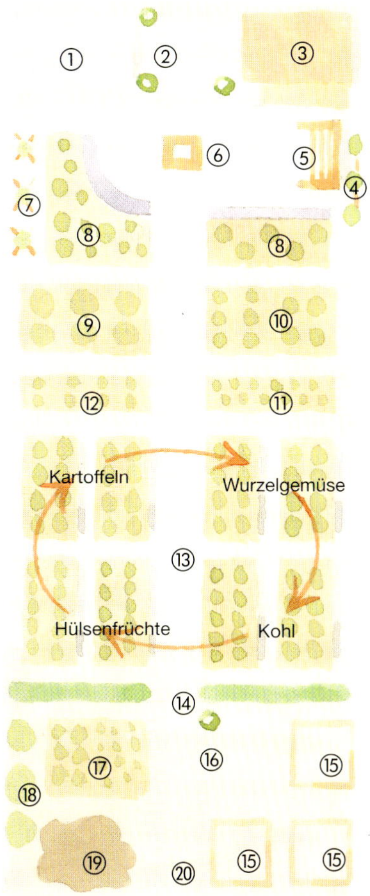

△ Blattsalat wächst rasch und will nicht in der heißen Sonne stehen. Sie können ihn auf ein gesondertes Beet oder zwischen langsamer wachsende Gemüsepflanzen setzen.

ter und die dichte Pflanzendecke erstickt die Unkräuter.

Schnittblumen brauchen, sofern es sich um Wintereinjährige handelt, beste Bedingungen, d.h. viel Sonne sowie gut durchlässigen und nährstoffreichen Boden.

Dauerkulturen

• **Spargel** ist eine mehrjährige Anbaupflanze. Von einem einmal angelegten Beet können Sie rund 20 Jahre lang köstliche Spargelstangen ernten. Wählen Sie dafür einen sonnigen Platz mit gut durchlässigem Boden.

• **Obstbäume** sind nur dann zu empfehlen, wenn es die Kleingartenbestimmungen erlauben und ausreichend Platz vorhanden ist. Ein kleines Obstgehölz bringt Abwechslung in den Garten und nützt auch wild lebenden Tieren. Als Spalier gezogene Obstbäume kann man zur Abgrenzung von Gartenbereichen nutzen (siehe Kapitel 4, S. 59).

• **Saatbeete** werden zur Aufzucht von Jungpflanzen genutzt, die später an ihren endgültigen Standort verpflanzt werden. Wählen Sie für das Saatbeet eine geschützte sonnige Stelle am Treibhaus aus (falls Sie eines haben). Das Frühbeet wird nach den gleichen Prinzipien angelegt.

• **Beeren- und Weichobst** wächst mit Ausnahme der Erdbeeren an Sträuchern, Ruten oder stacheligen Trieben. Rote, Weiße, Schwarze Johannisbeerstämmchen und Himbeerruten sowie die Triebe der Brombeere, Loganbeere und anderer Hybriden müssen gestützt werden. Pflanzen Sie sie als Sichtschutz oder zur Einteilung des Gartens in unterschiedliche Bereiche. Das Obst wird mit Netzen vor Vogelfraß geschützt. Wollen Sie viel Beerenobst anbauen, können Sie über der Anbaufläche eine Art Schutzkäfig errichten. Beerenobst verträgt etwas Schatten, will jedoch nicht in Frostlöchern stehen.

• **Erdbeeren** sollten nach einer Kulturzeit von drei Jahren neu gepflanzt werden. Sie mögen einen luftigen, sonnigen Standort.

▷ Eine gute Mischung aus Blumen und Kräutern zwischen den Gemüsebeeten macht den Kleingarten umweltfreundlich und hübscher. Die Blüten locken Pollen übertragende Insekten und andere Nützlinge wie beispielsweise Schwebfliegen, Marienkäfer und Florfliegen an, die sich sämtlich von Blattläusen und anderen Schädlingen ernähren.

Beete für mehrjährige Pflanzen und für Kräuter

Nutzen Sie die restliche Fläche für mehrjährige Pflanzen, Blumen und Kräuter. Planen Sie eine Sitzecke, dann setzen Sie rundherum die Gewächse, die am hübschesten aussehen und am stärksten duften. Sofern der Platz reicht, suchen Sie noch ein Fleckchen für einige Beinwellpflanzen; sie ergeben einen wunderbaren Dünger, wenn man sie später untergräbt.

Salat mag es nicht in der Sonne zu braten. Setzen Sie ihn deshalb (als Mischkultur) zwischen langsam wachsende Anbaupflanzen, wo er von den Blättern größerer Gewächse etwas Schatten erhält.

Die besten Freunde des Ökogärtners sind wild lebende Tiere. Denken Sie von Anfang an daran – sei es auch nur, dass diese Lebewesen Ihnen helfen mit den Schädlingen fertig zu werden. Richten Sie ihnen einige ungestörte Ecken ein – ein paar Stammstücke als Zuhause für Insekten, einen größeren Stein, den Sie einfach an seinem Platz lassen, oder als Schutz eine Hecke oder einige Sträucher. In den Niederlanden baut man dafür langgestreckte niedrige Wälle, indem man abgeschnittene Zweige und Äste zwischen Holzpflöcke schichtet und Efeu darüber wachsen lässt. Ein kleiner ungemähter Grasstreifen bietet Spinnen, Käfern und anderen Insekten Zuflucht. Dicke Mulchschichten locken Hundertfüßer und Käfer an in Ihrem Garten heimisch zu werden. Die Nützlinge vertilgen Schnecken sowie die Larven und Eier von Schadinsekten. Hängen Sie Bündel aus hohlen Pflanzenstengeln auf, in denen Schwebfliegen und Schlupfwespen nisten können.

△ Ein gut bestückter Nutzgarten im Spätsommer, in dem Mangold und Prunkbohnen in voller Pracht stehen.

▷ In den Niederlanden trifft man mitunter auf solche aus Schnittabfällen aufgeschichteten Lebensräume für wild lebende Tiere.

2

Das Geheimnis des organischen Gärtnerns ist der Boden. Ein guter Boden wimmelt von Mikroorganismen, er enthält reichlich pflanzliche und tierische Überreste, Luft und Wasser. Eine hohe Fruchtbarkeit kann nur erzielt werden, wenn man den Boden nährt und ihn die Pflanzen nähren lässt.

Der Boden

◁ Nutzgärten in Ländern mit wärmerem Klima wie beispielsweise hier auf Madeira, müssen ständig bewässert werden, damit sie gute Erträge bringen.

WISSENSWERTES ÜBER DEN BODEN

Dieser Abschnitt soll Ihnen zeigen, wie Sie mit ein paar einfachen Tricks die Beschaffenheit des Bodens in Ihrem Garten bestimmen können. Die wichtigsten Punkte sind Struktur, Tiefe der Mutterbodenschicht und saure bzw. basische Bodenreaktion. Wissen Sie über Ihren Boden Bescheid, ist es ein Leichtes ihn nötigenfalls zu verbessern.

- Bodenarten
  - Kreideboden
  - Tonboden
  - Lehmboden
  - Torfboden
  - Sandboden
  - Schluffboden
- Mutterboden
- Sauer oder basisch?

△ Durch ständige Zugabe von Kompost haben Sie letzten Endes erhöhte Beete, deren Boden unabhängig von der Bodenart nährstoffreich und krümelig ist und damit Zier- wie Nutzpflanzen bestmögliche Bedingungen bietet.

Bodenarten

Übernehmen Sie einen Kleingarten, finden Sie so viel wie nur möglich über dessen Bodenbeschaffenheit heraus. Ein gutes Wachstum der Unkräuter, insbesondere der Brennnesseln, ist ein Anzeichen für fruchtbaren Boden. Stechen Sie einige Spaten voll Erde aus und untersuchen Sie sie auf Würmer. Sind diese Bodenlebewesen reichlich vorhanden und zeigen sie eine gesunde rosa Färbung, dann haben Sie schon einen guten Anfang gemacht. Eine ganze Menge können Sie über Ihren Boden erfahren, wenn Sie eine halbe Stunde nach einem Regen eine Fingerprobe machen, d. h. eine kleine Hand voll Erde aufnehmen und ausdrücken, zu einer Wurst rollen und daraus einen Ring formen.

• **Kreideboden** zerkrümelt bei der Fingerprobe und ist in der Regel voller Feuersteine. Er ist stark wasserdurchlässig, sein Kalkgehalt lässt ihn basisch reagieren und macht den Boden für viele Pflanzen unwirtlich. Kreideboden ist mager. Geben Sie viel Humus zu oder überlegen Sie, ob Sie hier nicht erhöhte Beete einrichten wollen.

• **Tonboden** fühlt sich klebrig an und hält seine Krumenform. Er ist reich an Mineralien und speichert Nährstoffe und Wasser, gibt sie aber nur ungenügend ab. Er ist nicht gut durchlässig, erwärmt sich im Frühjahr nur langsam und bäckt bei Hitze zusammen. Hier schaffen erhöhte Beete Abhilfe, über die Sie bequem hinwegreichen können, denn dann müssen Sie nicht den gelockerten Boden betreten. Graben Sie im Herbst um und lassen Sie im Winter den Frost sein Werk tun. Die Zugabe von scharfem Sand oder Kiessand und großen Mengen Kompost verbessert Durchlässigkeit und Struktur des Bodens.

• **Lehmboden** ist ideal. Ein Lehmklumpen gibt Ihren Handabdruck wieder und zerfällt in Krümel. Er ist dunkelbraun und stellt eine gute Mischung aus Sand (zur Drainage) und Ton (zur Speicherung von Nährstoffen und Wasser) dar.

• **Torfboden** ist dunkel und schwammig und zerfällt bei der Fingerprobe. Er ist reich an organischem Material und daher fruchtbar, enthält allerdings wenig Mineralstoffe. Er lässt sich leicht bearbeiten, trocknet rasch aus und reagiert sauer. Durch Zugabe von Kalk wird die Bodenreaktion zum Basischen hin verändert.

- **Sandboden** fühlt sich sandig an und hält seine Form bei der Fingerprobe nicht. Er ist sehr durchlässig, leicht zu bearbeiten und erwärmt sich im Frühjahr rasch. Humuszugaben lassen die Bodenpartikel besser aneinander haften und erhöhen das Speichervermögen für Nährstoffe und Feuchtigkeit. Warten Sie mit dem Umgraben bis zum Frühjahr, damit der Boden nicht durch Regenwasser ausgelaugt wird.
- **Schluffboden** fühlt sich fein an. Aus ihm können Sie bei der Fingerprobe einen Ring formen. Dieser Boden ist wie Tonboden zu behandeln.

Mutterboden

Graben Sie ein Loch um die Tiefe der Pflanzen nährenden Schicht, des Mutterbodens, festzustellen. Unter dem Mutterboden befindet sich der hellere, nährstoffarme Unterboden. Seine Struktur wirkt sich auf die Durchlässigkeit aus. Ist die Mutterbodenschicht zu flach, erhöhen Sie Ihre Beete. Die ideale Tiefe beträgt 60 cm.

△ Nehmen Sie eine Hand voll feuchten Boden auf und untersuchen Sie die Struktur um festzustellen, welche Bodenart Sie in Ihrem Garten haben.

△ Der Boden muss krümelig sein, damit sich Pflanzenwurzeln und Würmer darin leicht ihren Weg bahnen können. Ist das Erdreich verdichtet und nicht durchlüftet, legen Sie erhöhte Beete an oder zerkrümeln Sie es mit den Händen.

Sauer oder basisch?

Bestimmen Sie den pH-Wert ihres Bodens um festzustellen, ob das Erdreich sauer oder basisch ist. Der beste Wert für die meisten Pflanzen liegt zwischen 5,5 und 7,5. Der pH-Wert 7 zeigt an, dass der Boden neutral reagiert; bei Werten über 7 reagiert er basisch, bei Werten darunter sauer. Obwohl sich die Reaktion etwas verschieben und der Boden sich verbessern lässt, können Sie dessen Eigenschaften nicht völlig verändern. Wählen Sie deshalb Pflanzen, die genau die Bodenart Ihres Gartens bevorzugen.

1 Nehmen Sie drei oder vier Bodenproben von unterschiedlichen Stellen Ihrer Gartenparzelle. Die Proben können Sie zur Bodenanalyse an ein Labor schicken, doch wahrscheinlich reicht auch eine preiswerte Analyseausrüstung aus dem Gartenmarkt aus.

2 Ist der Boden zu sauer, geben Sie Kalk zu; die Menge hängt von der Art und dem Säuregrad des Bodens ab. Kalksteinmehl (Dolomitkalk) oder Algenkalk, der Spurenelemente enthält, sind zwar teuer, halten sich dafür aber einige Jahre lang im Boden. Löschkalk (Gartenkalk) muss jährlich neu zugegeben werden. Düngen Sie den Boden nicht gleichzeitig mit Kalk und mit Dung; das würde eine schädliche Reaktion zwischen beiden hervorrufen.

3 Zeigt der Boden eine zu starke basische Reaktion, wirken Dung und Kompost ausgleichend.

△ Giersch.

△ Quecke.

△ Schachtelhalm.

UNKRÄUTER

Halten Sie die Unkräuter in Ihrem Nutzgarten unter Kontrolle; manche lassen sich ohne weiteres entfernen, doch andere wachsen sich zur Plage aus, wenn man nicht sofort etwas gegen sie unternimmt. Haben Sie keine Zeit zum Jäten, knipsen Sie wenigstens die Blüten ab, damit sich die Unkräuter nicht durch Samen vermehren.

- ausdauernde Unkräuter
- einjährige Unkräuter
- Entfernen der Grasnarbe
- **Projekt ~ *Umgraben – wie und wann?***

▽ Wenn Sie die Grasnarbe entfernen, stapeln Sie die abgestochenen Rasensoden mit den Wurzeln nach oben zu einem ordentlichen Haufen. Sie verrotten bald zu wertvollem Lehm.

Ausdauernde Unkräuter

- **Ackerwinden** *(Convolvulus arvensis)* sind zwar bei den Bienen beliebt, doch sie wickeln sich um Ihre Pflanzen und erstickt sie im Nu. Wenn Sie eine solche Pflanze vorsichtig aus dem Boden ziehen, haben Sie schließlich ein langes Geknäuel von weißen Wurzelausläufern in der Hand.
- **Quecken** *(Elymus repens)* breiten sich durch unterirdische Wurzelausläufer aus, die so kräftig sind, dass sie sogar durch eine Kartoffel hindurchwachsen können.
- **Ackerdisteln** *(Cirsium arvense)* mögen wohl unschuldig aussehen, doch aus ihren Pfahlwurzeln entstehen neue Triebe, die sich mit beängstigender Geschwindigkeit ausbreiten können.
- **Ampfer** *(Rumex obtusifolius)* entwickelt in kurzer Zeit eine riesige Pfahlwurzel und produziert bis zu 60 000 Samen im Jahr.
- **Giersch** *(Aegopodium podagraria)* verbreitet sich ähnlich wie **Schachtelhalm** *(Equisetum)*, der feuchten Boden liebt.

Rücken Sie diesen Pflanzen nicht mit der Bodenfräse zu Leibe; sie würde die Wurzeln zerteilen und das Problem ausweiten. Nehmen Sie ausdauernden Unkräutern entweder das Licht, indem Sie sie eine Saison lang (manchmal auch länger) mit einem alten Teppich oder mit schwerer schwarzer Folie abdecken, oder graben Sie die Pflanzen mit all ihren Wurzeln aus.

Einjährige Unkräuter

Halten Sie diese Unkräuter durch Hacken, Jäten und Mulchen des Bodens unter Kontrolle. Bewässern Sie eine Fläche, die im zeitigen Frühjahr bestellt werden soll, und decken Sie sie mit schwarzer Polyethylenfolie ab. Die Wärme unter der Folie regt die Unkrautsamen zum Keimen an, und Sie können die jungen Unkräuter noch vor dem Bepflanzen der Fläche aus dem Boden ziehen.

Entfernen der Grasnarbe

Wollen Sie die Grasnarbe ganz oder teilweise entfernen, stechen Sie mit dem Spaten zunächst Grassoden ab. Legen Sie die Stücke dann mit den Wurzeln nach oben etwa spatentief ins Erdreich und bedecken Sie sie mit Mutterboden. Die Soden verrotten zu herrlichem Lehm. Lehm herstellen können Sie auch, indem Sie die Soden mit den Wurzeln nach oben zu einem Haufen aufschichten. Eine andere Methode zur Beseitigung der Grasnarbe ist das Abdecken mit schwarzer Kunststofffolie, mit einem alten Teppich, flach gedrückten Pappkartons oder Zeitungen, die mit Grasschnitt beschwert werden. Nach einer Saison können Sie die Fläche kultivieren.

◁ Versehen Sie einen Rasensodenhaufen mit Löchern und pflanzen Sie dort hinein Starkzehrer wie Kartoffeln, Zucchini oder Kürbisse. Sie gedeihen herrlich, während der Haufen zu Lehm verrottet, der später in den Boden eingearbeitet werden kann.

• PROJEKT •

Umgraben – wie und wann?

Zu häufiges Umgraben schadet nicht nur Ihrem Rücken, sondern beeinträchtigt auch die Bodenstruktur. Hier sind einige Tips, nach denen Sie entscheiden, wie und wann Sie am besten umgraben:

- Ist der Boden von guter Beschaffenheit und frei von lästigen Unkräutern, verzichten Sie auf das Umgraben.
- Wurde der Boden vernachlässigt und ist die Drainage schlecht, rigolen Sie ihn, damit einmal sämtliches Unkraut entfernt und der Unterboden gelockert wird.
- Ist der Boden in einem vernünftigen Zustand, graben Sie ihn nur einmal spatentief um und verfahren Sie dann nach der Methode „Nicht umgraben".

Material

- Spaten
- Grabegabel
- Schubkarre
- Kompost oder Dung
- Pflöcke und Schnur

Rigolen

1 Markieren Sie mit Pflöcken und Schnur einen Streifen zu bearbeitenden Boden. Tragen Sie den Mutterboden auf einem kleinen Abschnitt spatentief ab. Entfernen Sie daraus alle Unkrautwurzeln und schaffen Sie den Aushub in der Schubkarre ans andere Ende des markierten Streifens.

2 Lockern Sie den freigelegten Unterboden mit der Grabegabel gründlich auf.

3 Nehmen Sie sich den nächsten Abschnitt vor; tragen Sie wiederum den Mutterboden spatentief ab, entfernen Sie daraus alle Unkrautwurzeln und werfen Sie den Boden zusammen mit etwas Kompost oder Dung auf den ersten Abschnitt.

4 Fahren Sie so fort, bis Sie das Ende des markierten Streifens erreicht haben. Kippen Sie den Mutterboden aus der Schubkarre auf den letzten Abschnitt. Achten Sie darauf, dass Mutter- und Unterboden nicht vermischt werden.

Spatentief umgraben

1 Lockern und wenden Sie den Mutterboden spatentief und entfernen Sie dabei die Unkräuter samt Wurzel.

2 Geben Sie in jede Furche verrotteten Dung oder Kompost.

Nicht umgraben

Ist der Boden in einem bearbeitbaren Zustand, können Sie sich ausruhen und die Würmer Ihre Arbeit tun lassen.

1 Bringen Sie im Herbst eine dicke Schicht verrotteten Kompost auf die Beete auf. Die Würmer ziehen ihn in den Boden hinein und legen dabei senkrechte Kanäle an, durch die Luft und Wasser zu den Pflanzenwurzeln gelangen.

2 Bearbeiten Sie die Beete im Frühjahr nur mit dem Rechen. In der Wachstumsperiode können Sie Kompost als Unkraut unterdrückende Mulchschicht auf die Beete bringen. So erhöhen sich die Beete allmählich.

HUMUS, STALLDUNG UND MULCH

In der Natur entsteht aus abgestorbenen Pflanzen und Tierleichen, aus ihren Nestern gefallenen Eiern, Herbstlaub und Tierkot nur langsam Kompost. Kleinstlebewesen sorgen in einem immerwährenden Kreislauf dafür, dass das alles verrottet und den Boden fruchtbar macht.

- Kompost
- **Projekt ~ *Aufsetzen eines Komposthaufens***
- Kompostrohstoffe
- Dungarten
- Gründüngunspflanzen

△ Ein einfacher, aber praktischer Kompost behälter aus wiederverwendetem Holz. Die an den Enden eingeschnittenen Bretter werden nur aufeinander gesteckt. Der Behälter lässt sich ohne weiteres abbauen und erleichtert so die Entnahme des reifen Komposts.

Die Anreicherung des Bodens mit Humus in Form von gut durchgerottetem Kompost oder Dung wirkt sich kumulativ aus. Das bedeutet, dass sie den großen Vorteil der Humusgaben nicht nur im ersten Jahr sehen, sondern in den Folgejahren einen stetig wachsenden Nutzen bemerken.

Kompost

Kompost herzustellen ist eine befriedigende Arbeit. Die wichtigsten Elemente für die Kompostierung sind Luftzirkulation, Feuchtigkeit (in dem frischen Material ist sie meist ausreichend vorhanden, doch in Trockenperioden muss mitunter Wasser zugegeben werden), Bakterien (das Erdreich, das an den Wurzeln der zu kompostierenden Unkräuter klebt, enthält genügend davon) und Wärme. Der Inhalt eines Komposthaufens zersetzt sich im Sommer viel rascher als im Frühjahr oder Herbst. Decken Sie den Haufen mit einem Deckel, einer Kunststoffplane oder einem Stück Teppich ab oder legen Sie mit Stroh oder Zeitungsstapeln gefüllte Kunststoffsäcke obenauf, damit keine Wärme entweicht. Streuen Sie jeweils nach einigen Lagen etwas Kalk ein, damit der Kompost nicht sauer wird. Zur Beschleunigung des Rottevorgangs kann Stickstoff zugegeben werden. Auch eine Schicht Kompost von einem alten Haufen kurbelt die Verrottung an, und wie Wundermittel wirken Hühnermist und Menschenurin. Brennnesseln, Algenmehl sowie Blut-, Fisch- und Knochenmehl sind ebenfalls gut.

• **Kompostbehälter** Stellen Sie zwei oder drei Behälter für die unterschiedlichen Rottephasen auf – für den reifen Kompost, das bereits verrottende und das neu aufgesetzte Material. Der Haufen kann frei stehend aufgesetzt werden, doch ein Behälter ist sauberer, auch muss das Kompostmaterial darin seltener gewendet werden, da es an den Rändern nicht austrocknet. Sie brauchen einen Behälter mit einer Abdeckung und ohne Boden, in den Würmer und Kleinstlebewesen aus

• PROJEKT •

Aufsetzen eines Komposthaufens

Einen Gemeinschaftskomposthaufen, den es vielleicht in einer Kleingartenanlage gibt, könnte man sicher an einem einzigen Tag füllen; das wäre auch die effektivste Methode. Um guten Kompost herzustellen müssen Sie die richtige Menge der „Zutaten" abschätzen können und während des Rotteprozesses gut auf den Haufen aufpassen.

Material

- **zwei oder drei Kompostbehälter**
- **Stroh oder sperrige Unkräuter**
- **Grünmasse wie z. B. Grasschnitt**
- **Kalk**
- **Kompostbeschleuniger**

1 Setzen Sie nach Möglichkeit die unterschiedlichen Kompostrohstoffe schichtweise auf. Beginnen Sie mit groben Pflanzenresten – Stroh oder sperrige Unkräuter –, die die Belüftung des Haufens fördern. Schichten Sie nie zu viel auf einmal von einem Material ein. In eine Schicht Grasschnitt, der nass werden kann, mischen Sie angefeuchtetes zerrissenes Zeitungspapier oder eingeweichtes Stroh. Streuen Sie nach einigen Schichten Kalk oder Kompostbeschleuniger ein.

2 Beobachten Sie den Haufen. Achten Sie darauf, dass er nicht zu trocken oder zu nass wird. Riecht er streng, ist er wahrscheinlich zu nass. Dann wenden Sie den Inhalt, damit etwas Luft hineingelangt; geben Sie außerdem Stroh oder Zeitungspapier zu. Ist der Haufen zu trocken, übergießen Sie ihn mit etwas Wasser oder geben Sie frisches Grünzeug oder Grasschnitt zu. Lassen Sie den Haufen nicht zu einer luftlosen festen Masse werden!

3 Wenn Sie mit der Mischung nicht zufrieden sind, räumen Sie alles auf eine große Kunststoffplane, durchmischen es gut, geben alles Material zu, das noch zu fehlen scheint und setzen den Haufen neu auf. Setzen Sie den Inhalt etwa zwei Wochen später vom Rand in die Mitte und von der Mitte an den Rand um. Dass der Kompost reif ist, erkennen Sie daran, dass der Haufen nicht mehr riecht und dunkelbraune Erde enthält, die sich krümelig und angenehm anfühlt und Nahrung für die Pflanzen ist. Von den „Zutaten" ist nichts mehr zu erkennen, stattdessen tummeln sich in der Erde Scharen von kleinen roten Würmern.

dem Erdreich in das Kompostmaterial eindringen können; der eine gute Belüftung ermöglicht und aus dem man den reifen Kompost von oben oder von der Seite herausnehmen kann. Kleingärtner sind erfinderisch und haben dafür stets irgendwelche alten, aber nützlichen Materialien – Dielenbretter, Paletten u. ä. – parat.

Ein einfacher Behälter entsteht, wenn Sie vier Paletten an den Ecken miteinander verbinden und die Zwischenräume mit Stroh oder Pappe schließen. Etwas aufwändiger ist eine andere Variante, bei der drei Paletten rechtwinklig zusammengenagelt und an der Vorderseite zwei Pfosten ins Erdreich geschlagen werden. Einige zwischen Paletten und Pfosten geschobene Bretter bilden den „Eingang". Auch ein paar aufeinander gestapelte alte Autorreifen ergeben einen zwar weniger ansehnlichen, doch funktionierenden Kompostbehälter. Schneiden Sie die Seitenwandung der Reifen ab, wenden Sie das Reifeninnere nach außen und stapeln Sie die Reifen.

◁ Ein preiswerter und einfach herzustellender Kompostbehälter aus einem Stück Viereckdrahtgeflecht (Schafgitter), das mit einem Stück Teppich umwickelt ist. Zwischen Teppich und Geflecht gelangt während des Rottevorgangs ausreichend Luft an das Kompostmaterial. Der Behälter sollte mit einem weiteren Stück Teppich abgedeckt werden, damit die beim Verrotten entstehende Wärme nicht entweicht.

Kompostrohstoffe

Als Rohstoff für den Komposthaufen eignet sich fast alles organische Material aus dem Haushalt – Küchenabfälle, Teeblätter, Kaffeesatz, Eierschalen, Holzasche, Haare, Papier und Pappe, Gewebe aus Naturfasern (zerkleinert und eingeweicht), alle weichen Schnittabfälle aus dem Garten, Herbstlaub und einjährige Unkräuter – deren Blüten ich allerdings vorher abknipse, falls die im Haufen entstehende Wärme nicht ausreicht um die Samen abzutöten.

• **Ausdauernde Unkräuter** Theoretisch müssten sie durch die Wärme im Haufen zwar abgetötet werden, doch lohnt es nicht das Riskio einzugehen und sie zu kompostieren. Rohstoffe, die ebenfalls nicht in den Komposthaufen gehören, sind Reste von kranken Pflanzen; Fische, Fleisch oder gekochte Speisen, die vielleicht gar Schadnager anlocken; synthetisches Material; Katzen- oder Hundekot; Hochglanzmagazine (d. h. mit Glanzfolie kaschiertes Papier); Kartoffelkraut, das oftmals von der Kraut- und Knollenbraunfäule befallen ist; unzerkleinerte Schnittabfälle holziger Pflanzen. Damit Ihre Hände geschont werden, werfen Sie auch keine dornigen oder stacheligen Pflanzenteile auf den Komposthaufen.

• **Grabenkompostierung** Haben Sie nicht genügend Rohstoffe, die Sie in Schichten zu einem Komposthaufen aufsetzen können, vergraben Sie Ihre Küchen- und Gartenabfälle etwa 30 cm tief in einer Grube oder einem Graben. Bedecken Sie das Material mit Erde und lassen Sie es einige Wochen lang rotten. Pflanzen Sie auf die Stelle Starkzehrer wie beispielsweise Zucchini. Die Grabenkompostierung ist vor allem für Gegenden mit heißem Klima und wenig Niederschlägen günstig.

Mulchmaterialien

• **Rindenkompost** oder Hobelspäne aus Holz verarbeitenden Betrieben verwendet man am besten für Wege.

• **Grasschnitt** ist reich an Stickstoff. Er ergibt ein gutes Mulchmaterial, mit dem Sie zur Unkrautbekämpfung ausgelegtes Zeitungspapier beschweren können.

• **Pilzerde** von gewerblichen Pilzzüchtern ist gut zur Bodenverbesserung und zum Mulchen. Lassen Sie die Erde verrotten. Da sie Kalk enthält, darf sie nicht an Pflanzen gestreut werden, die sauren Boden lieben.

• **Algen** lassen die Bodenpartikel besser aneinander haften und sind reich an Spurenelementen. Sie sind gut, aber kostspielig.

• **Hopfen** aus einer Brauerei gibt dem Boden Nährstoffe und Volumen.

• **Strohmulch** hält das Unkraut in Schach und verlangsamt die Verdunstung.

△ Mulchschicht aus Stroh.

△ Mulchschicht aus Grasschnitt.

△ Mulchschicht aus Rindenhäcksel.

◁ Eine dicke Mulchschicht aus Stroh rund um die Maispflanzen hält das Unkraut in Schach und verlangsamt die Verdunstung. Das Stroh verrottet schließlich und wird von den Würmern in den Boden gezogen, die daraus wertvollen Humus entstehen lassen.

Dungarten

Ein schöner Haufen Stallmist lässt die Augen eines jeden Gärtners aufleuchten. Stallmist verbessert die Bodenstruktur und wirkt als Langzeitdünger. Manche Kleingartenvereine lassen ihn en gros anliefern. Dung, ganz gleich welcher Art, muss gut abgelagert sein; man setzt ihn entweder dem Kompost zu oder lässt ihn etwa sechs Monate lang auf einem Haufen liegen, bis er durchgerottet ist. Er kann für hungrige Pflanzen wie Kartoffeln mit der Grabegabel in den Boden eingearbeitet oder als Unkraut unterdrückende Mulchschicht auf die Beete gebracht werden, wo ihn die Würmer nach und nach ins Erdreich ziehen. Am „nutzerfreundlichsten“ sind Pferde-, Schaf- und Ziegendung. Hühnermist wirkt sehr stark und wird daher am besten als Rottebeschleuniger im Komposthaufen verwendet und nur in geringen Mengen mit dem Boden vermischt. Kuh- und Schweinemist sind zwar wirkungsvoll, aber unangenehm zu verarbeiten; die Exkremente von Kaninchen- und Meerschweinchen wiederum sind angenehm zu verwenden und natürlich auch wertvoll für den Boden.

▽ Lauberde kann in einem Behälter aus Kükendraht hergestellt werden. Sammeln Sie einfach das Herbstlaub, schütten Sie es in den Behälter und lassen Sie es ein halbes oder ganzes Jahr lang verrotten.

△ Die Winterwicke ist ein guter Stickstoffbinder. Sie verhindert das Auswaschen der Nährstoffe, wenn der Boden im Winter brach liegt.

Gärtnertipp

Lauberde enthält nicht viele Nährstoffe, verbessert die Bodenstruktur jedoch spürbar. Sammeln Sie das Laub in Säcke. Geben Sie etwas Wasser zu, versehen Sie die Säcke mit einigen Löchern und lassen Sie sie eine Saison oder zwei zum Verrotten stehen.

Gründüngungspflanzen

Gründüngungspflanzen sind schnell wachsende landwirtschaftliche Kulturen, die man zwischen sechs Wochen und einem Jahr stehen lässt. Untergegraben verbessern sie die Fruchtbarkeit des Bodens. Haben Sie leere Beete im Garten, die nicht bestellt werden sollen, kann eine Gründüngungskultur eine zeitweilige Decke bilden und die Fläche von Unkraut weitgehend frei halten. Manche Gründüngungspflanzen besitzen Wurzelsysteme, die schweren Boden auflockern, andere speichern in ihren Wurzeln Stickstoff, der an andere Pflanzen abgegeben werden kann. Eine überwinternde Kultur schützt den Boden, indem sie die Nährstoffe darin festhält, die ansonsten von Regen und Schmelzwasser ausgewaschen würden. Die Blätterdecke bietet zudem nützlichen Räubern Schutz. Gründüngungspflanzen werden noch vor der Samenbildung und in der Regel zwei Wochen vor der Bepflanzung des Bodens untergegraben. Die höher wachsenden Arten zerkleinert man zuvor und lässt sie zum Welken liegen.

Werden die Beete nicht umgegraben, hackt man die Pflanzen heraus und lässt sie auf dem Boden liegen. Buchweizen, Klee und Bienenfreund sind eine gute Bodendecke für den Sommer, ihre hübschen Blüten locken viele nützliche Insekten an. Sollen die vorbereiteten Beete nicht alle auf einmal bepflanzt werden, wäre die Aussaat einer dieser Gründüngungspflanzen eine gute Lösung.

- **Buchweizen** *(Fagopyrum esculentum)* ist eine nicht winterharte einjährige Pflanze (ca. 90 cm hoch), die hübsche Blüten hervorbringt. Man sät sie im späten Frühjahr aus und lässt sie den Sommer hindurch wachsen. Buchweizen wächst auf magerem Boden und lockt Schwebfliegen an.
- **Inkarnatklee** *(Trifolium incarnatum)* ist eine winterharte einjährige Pflanze (30 cm hoch). Der Klee ist eine Bienenweide und bindet Stickstoff. Seine Aussaat erfolgt von Frühjahr bis Spätsommer, man lässt ihn dann zwei oder drei Monate wachsen oder überwintern. Inkarnatklee bevorzugt leichte Böden.
- **Bockshornklee** *(Trigonella foenum-graecum)* ist eine halb winterharte einjährige wuchsfreudige Pflanze (60 cm hoch) für den Sommer. Das Laub der buschigen Pflanze unterdrückt die Unkräuter. Bockshornklee wird im Frühjahr oder Sommer in gut durchlässigen, aber Wasser speichernden Boden gesät und bis zu drei Monate lang stehen gelassen.
- **Bienenfreund** *(Phacelia tanacetifolia)* ist eine einjährige Pflanze (90 cm hoch) mit farnähnlichen Blättern und lilafarbenen Blüten, die nützliche Insekten anlocken. Bienenfreund wird ausgesät, wenn keine Frostgefahr mehr besteht und dann einige Monate lang stehen gelassen. Er verträgt die meisten Böden.
- **Hopfenklee** *(Medicago lupulina)* ist eine meist als Einjährige behandelte zweijährige Pflanze (30 cm hoch), die Stickstoff bindet, langsam wächst, auch mit etwas Schatten und Trockenheit zurechtkommt, aber keine schweren sauren Böden mag. Säen Sie den Hopfenklee im Sommer und lassen sie ihn überwintern.
- **Winter-Ackerbohne** *(Vicia faba)* ist eine extrem winterharte Pflanze, die im Winter Stickstoff bindet. Sie wird im Spätsommer oder Frühherbst ausgesät. Der Boden darf weder staunass sein noch austrocknen.
- **Winterwicke** *(Vicia sativa)* ist eine winterharte einjährige Pflanze (75 cm hoch). Die rasch wachsende, buschige Wicke bindet Stickstoff und bildet eine schützende Decke über dem Boden. Sie wird im Sommer ausgesät und den Winter hindurch stehen gelassen. Die Winterwicke mag keine Trockenheit und bevorzugt basische Böden.

◁ Buchweizen.

△ Bienenfreund.

△ Inkarnatklee.

Sorgen Sie in Ihrem Kleingarten für eine reiche Pflanzenvielfalt. Eine Monokultur, bei der Reihe um Reihe immer nur dieselbe Pflanzenart steht, ist eine Einladung für Schädlinge, die ein solches Areal schon von weitem sehen und riechen. „Tarnen" Sie Ihren Garten mit Blumen, Sträuchern und möglichst vielen unterschiedlichen Pflanzen.

3

Gemüse, Kräuter und Blumen

◁ In Nachbarschaft wachsende Wicke und Kalifornischer Mohn sind ein lebhafter Farbtupfer in diesem Kleingarten.

BEPFLANZUNGSPLAN

Haben Sie Ihre Gartenparzelle in Bereiche für die unterschiedlichen Pflanzentypen – Gemüse, Beerenobst, Blumen und Kräuter – aufgeteilt, können Sie einen Bepflanzungsplan aufstellen und die Sorten aussuchen, die zu den Bedingungen in Ihrem Garten passen.

- Gemüse im Wechselanbau
  - Kartoffeln
  - Hülsenfrüchte
  - Kohl
  - Wurzelgemüse
- Im Block oder in Reihen?
  - Mischkultur
- Pflanzen für wild lebende Tiere

△ Ein Nutzgarten mit einer Fülle von Zwiebeln, Kartoffeln und Kohl. Die Kohlköpfe sind mit einem feinen Netz bedeckt, das Kohleulen und Kohlweißlinge an der Eiablage hindern soll.

Für die meisten Kleingärtner steht an erster Stelle der Ernteertrag. Denken Sie an den Bedarf Ihres Haushalts und daran, wieviel Sie verzehren und genießen oder wie viel von Ihren Erträgen Sie vielleicht weggeben möchten. Oftmals wird der Fehler begangen, dass man viel zu viel anbaut. Ziehen Sie die Pflanzen aus Samen, teilen Sie sich die Saatgutpäckchen mit anderen Kleingärtnern oder lassen Sie aus allen Samen Jungpflanzen heranwachsen und verkaufen Sie diese dann.

Damit Sie an Ihrem Kleingarten rundum Freude haben, ziehen Sie auch ein paar Luxusgewächse – Spargel, Zuckererbsen, Artischocken, Kirschtomaten, Frühkartoffeln, Blattsalate für Feinschmecker, Himbeeren und Erdbeeren. Probieren Sie auch interessante alte Sorten aus.

Vergleichen Sie bei der Entscheidung darüber, was Sie anbauen möchten, stets die Standortansprüche der Pflanzen – saurer oder basischer, feuchter oder trockener Boden, Sonne oder Schatten – mit den Bedingungen in Ihrem Garten. Beachten Sie auch die Hinweise auf den Saatgutverpackungen.

◁ Violetter Sprossen-Brokkoli.

Wechselanbau

Der Fruchtwechsel beim Gemüseanbau verhindert weitgehend die Entstehung von Pflanzenkrankheiten, erhöht die Bodenfruchtbarkeit, macht den Anbau leichter und wirtschaftlicher. Richten Sie den Wechselanbau vier oder fünf gesonderte Beete ein und führen Sie Buch über deren Bepflanzung. Auf den Beeten wechseln Kartoffeln, Hülsenfrüchte (Bohnen und Erbsen), Kohl (Gattung *Brassica*) und Wurzelgemüse einander jährlich ab. Auf dem fünften Beet können Porree, Knoblauch und Schalotten aus der Familie der Liliengewächse angebaut werden.

• **Kartoffeln** sind Starkzehrer und mögen kräftig gedüngten Boden. Durch die Säure im Dung wird der Gewöhnliche Kartoffelschorf verhindert. Arbeiten Sie also viel Stalldung in den Boden ein und geben Sie obendrein Knochenmehl oder Fisch-, Blut- und Knochenmehl zu, damit die Pflanzen widerstansfähiger werden.

• **Hülsenfrüchte** sind jene Pflanzen, die Schoten bilden; zu ihnen gehören die verschiedenen Erbsen- und Bohnensorten. Da sie nährstoffreichen Boden mögen, ist der gute Dünger, den das vorjährige Kartoffelbeet noch enthält, genau richtig für sie. Hülsenfrüchte mögen nicht zu viel Säure; geben Sie dem Boden vor der Aussaat also etwas Kalk oder Algenkalk zu. Lassen Sie die Pflanzenwurzeln nach der Ernte im Boden, denn sie sind eine wertvolle Stickstoffquelle für die folgende Anbaufrucht Kohl. Pflücken Sie die jungen Schoten oder Bohnen regelmäßig um das Wachstum weiterer Früchte anzuregen.

• **Kohl** (Rosenkohl, Kopfkohl, darunter auch Chinakohl, Brokkoli, Blumenkohl, Speiserübe, Kohlrübe, Kohlrabi u. a.) wird durch die vorjährige Kalkgabe auf dem Hülsenfruchtbeet gegen Kohlhernie gestärkt und nutzt den Stickstoff, den die Hülsenfrüchte mit ihren Wurzeln gebunden haben. Der hoch wachsende Rosenkohl und der Brokkoli brauchen festen Boden, dessen Struktur man daher nicht allzu sehr durch Umgraben stören sollte. Geben Sie etwas Blut-, Fisch- und Knochenmehl oder Knochenmehl zu.

▽ Rosenkohl hält es auch im Winter auf dem Beet aus. Pflücken Sie die Röschen von unten beginnend und entfernen Sie die vergilbenden Blätter.

◁ Das Pflanzen im Block erleichtert später das Abdecken mit Netzen. Das Gemüse kann so eng zusammengesetzt werden, dass die Blätter nach und nach alle Zwischenräume ausfüllen und den Unkräutern das Licht nehmen.

▽ Zuckererbsen, Blumenkohl, Rote Bete und Mais in traditionellen Reihen gepflanzt. Die Zwischenräume ermöglichen den Zugang zu den Pflanzen. Allerdings wäre eine Mulchdecke aus Stroh oder Kompost zwischen den Reihen ratsam, da sie die Unkräuter unterdrückt und die Feuchtigkeit im Boden hält.

• **Wurzelgemüse** wie Möhren, Pastinake, Petersilie, Bleichsellerie und Knollensellerie oder Fenchel haben in Roten Beten, Spinat und Mangold gute Beetnachbarn, und auch Tomaten, Gemüsekürbis und Zucchini passen hier hinein.

Für Porree, Knoblauch und Schalotten können Sie entweder ein gesondertes Beet anlegen oder diese Pflanzen mit zum Wurzelgemüse setzen. Bestreuen Sie die gesamte Beetfläche mit Algenmehl und behandeln Sie jede Anbaufrucht nach ihren Bedürfnissen.

Im Block oder in Reihen?

Gemüse wird traditionell in Reihen gepflanzt. Das ist für den Anbau von Bohnen, Erbsen und anderen Kletterern die praktischste Methode. Verlaufen die Reihen von Nord nach Süd, können sich die Pflanzen nicht gegenseitig beschatten. Kletternde Pflanzen lassen sich auch an Fäden ziehen, die von einem Pfahl als Mittelpunkt schräg nach unten gezogen sind. Hier allerdings spielt das Schattenproblem eine Rolle. Setzen Sie andere Ertragspflanzen zu Rechtecken oder Quadraten zusammen. Wenn sie ein Stück gewachsen sind, breiten sich ihre Blätter aus, nehmen den Unkräutern das Licht und verhindern die Verdunstung lebenswichtiger Feuchtigkeit. Im Block gepflanzt lassen sie sich besser mit Netzen abdecken und genau so einfach von Unkräutern unterscheiden wie in der Reihe.

Mischkultur dient nicht nur einer besseren Nutzung des Bodens, sondern drängt durch die ständig vorhandene Pflanzendecke außerdem das Unkraut zurück. Säen Sie in die Lücken zwischen langsam wachsendem Gemüse schnell wachsende Pflanzen – Blattsalat, Radieschen u. a. Nutzen Sie den Platz unter dem hohen Mais für langsam wachsende Pflanzen.

Pflanzen für wild lebende Tiere

Insekten mögen einfache Blüten, in denen sie ohne weiteres an Nektar und Pollen gelangen. Durch Zucht ist die Form mancher Blüten so verändert worden, dass die Insekten gar keinen „Zutritt“ mehr haben. Locken Sie Schädlingsbekämpfer wie Schwebfliegen, Marienkäfer und Florfliegen in Ihren Garten, indem Sie Studentenblumen *(Tagetes)* und Ringelblumen *(Caledula)*, Kapuzinerkresse *(Tropaeolum)* und Sumpfblume *(Limnanthes douglasii)*, Fenchel, Engelwurz und Dill anpflanzen. Bienen, die eifrigen Bestäuberinnen, gehen auf viele Blüten, auch auf die der Gemüsepflanzen und Kräuter, von denen sie Minze, Lavendel und Thymian bevorzugen.

Lassen Sie einige Blumen Samen ausbilden, die

◁ Unter dem Mais wächst Klee, der die Feuchtigkeit im Boden hält und nach der Maisernte als Gründüngung untergegraben werden kann.

△ Die Ringelblumen wurden für nützliche Räuber wie Schwebfliegen, Marienkäfer und Florfliegen ausgesät. Hier schützen Sie zudem Tomaten vor unerwünschten Schädlingen.

im Winter den Vögeln als Nahrung dienen. Auch Beeren bildende Sträucher und Bäume sowie die Rosen mit ihren Hagebutten sind eine Nahrungsquelle für diese Tiere, die außerdem Obst mögen. Selbst wenn Sie Ihr Obst mit Netzen vor den Vögeln schützen müssen, lassen Sie ihnen nach Möglichkeit etwas von der Ernte, damit auch sie sich daran gütlich tun können.

GEMÜSE

Bei der Aussaat von Gemüse gilt als grobe Regel, dass die Saattiefe etwa das Zweieinhalbfache der Größe der Samenkörner beträgt. Sehr feines Saatgut wird mit etwas Silbersand vermischt, dünn ausgesät und mit Kompost bestreut.

△ Die Kohlarten für den Frühjahrs-, Sommer- oder Winteranbau versorgen den Kleingärtner das ganze Jahr über. Kohl wurzelt gern in festem Boden.

Traditionelle Gemüsearten

Abelmoschus esculentus

Okra

Die auch Gombobohne oder Essbarer Eibisch genannte Okra wird wie Tomaten oder Auberginen kultiviert. Sie braucht zum Gedeihen Temperaturen von über 21 °C. Ziehen Sie sie also entweder im Treibhaus oder bringen Sie die Samen bei günstigem Wetter direkt im Freiland aus (die Okra lässt sich nicht gern verpflanzen) und dünnen Sie die Sämlinge auf einen Abstand von 45 cm aus. Halten Sie die Pflanzen eher trocken, doch mulchen Sie den Boden. Die Okra wächst rasch, und bringt in warmen Ländern in einem Sommer zwei Ernten.

Probleme: Da die Pflanzen die Haut reizen können, tragen Sie besser Handschuhe, wenn Sie mit ihnen zu tun haben.

Schädlinge und Krankheiten: Am auffälligsten sind Blattläuse.

Gute Sorte: F1 'Pure Luck'.

Allium cepa

Zwiebel und **Schalotte**

Zwiebeln und Schalotten lassen sich aus Samen ziehen. Damit haben Sie zwar eine größere Sortenauswahl, doch es ist einfacher sich die Arbeit zu verkürzen und Steckzwiebeln (kleine Zwiebeln) zu kaufen. Wärmebehandelte Steckzwiebeln sind resistent gegen das Schossen. Damit sie eine mittlere Größe erreichen, pflanzen Sie die Steckzwiebeln im Abstand von jeweils 5 cm. Setzen Sie sie je nach gewünschter Erntegröße enger zusammen oder weiter auseinander. Zwiebeln sind das ganze Jahr über verfügbar, denn vor der Haupternte haben bereits frühe japanische Sorten Saison. Diese kommen im Spätsommer oder Herbst in den Boden und können dann im Frühsommer verzehrt werden. Lagerzwiebeln werden im Frühjahr gesteckt. Bei Zwiebeln ist Fruchtwechselanbau wichtig. Pflanzen Sie sie in gut durchlässigen neutralen bis basischen Boden, dessen pH-Wert nicht unter 6,5 liegt. Zu saurer Boden erhält Kalkzugaben und viel Kompost. Gießen Sie die Zwiebeln nur bei Trockenheit und halten Sie das Beet unkrautfrei. Bei Reifebeginn knickt das Laub um, und die Sonne kann die Zwiebeln endgültig reifen lassen. Sie

werden dann vorsichtig mit der Gabel gelockert und zwei Wochen später geerntet. Lassen Sie sie in der Sonne liegen, bis das Laub verwelkt ist und die Zwiebeln genussreif sind.
Probleme: Frisch gesteckte Zwiebeln werden von Sperlingen gern wieder aus dem Boden gezogen. Setzen Sie sie wieder ein und legen Sie Vlies oder ein Netz darüber.
Schädlinge und Krankheiten: Zwiebelfliege, bei feuchtem Wetter Falscher Mehltau.
Gute Sorten: 'Buffalo' (frühe japanische Sorte), 'Golden Bear' (Lagerzwiebel).

Allium porrum
Porree
Porree gehört zu den Pflanzen, die die winterliche Szene im Garten bestimmen. Er kann den ganzen Winter über im Boden bleiben und ganz nach Wunsch geerntet werden. Säen Sie ihn im Frühjahr unter Glas oder ins Saatbeet aus. Sind die Setzlinge groß genug, versehen Sie das Anbaubeet mit Hilfe des Pflanzholzes mit 15 – 20 cm tiefen Löchern. Haben Sie die eventuell zu langen Porreewurzeln gekürzt, setzen Sie in jedes Loch eine Pflanze, und spülen Sie mit der Gießkanne etwas Erde darüber. Halten Sie den Porree unkrautfrei. Häufeln Sie die Pflanzen während der Wachstumsphase an oder stülpen Sie zum Bleichen der Stengel Rohrstücke über.

△ Erntereife Zwiebeln.

Schädlinge und Krankheiten: Nur wenige.
Gute Sorte: 'Giant Winter – Catalina'

Allium sativum
Knoblauch
Knoblauch wird im Herbst oder im Winter in gut durchlässigen Boden gepflanzt. Kaufen Sie im Gartenmarkt eine Knoblauchzwiebel und brechen Sie die einzelnen Zehen ab. Setzen Sie diese an einer sonnigen Stelle im Abstand von 30 cm aufrecht und so tief in den Boden, dass die Spitze knapp mit Erde bedeckt ist. Gießen Sie sie nur bei sehr trockener Witterung und halten Sie den Boden unkrautfrei. Das im Frühjahr erscheinende Laub stirbt im Sommer ab. Zu dieser Zeit werden die Knoblauchzwiebeln ausgegraben. Lassen Sie sie an der Sonne oder im Schuppen trocknen und heben Sie ein paar zum Auspflanzen im nächsten Jahr auf.
Schädlinge und Krankheiten: Nur wenige – Zwiebelmehltau, Falscher Mehltau.

▽ In Reihen gepflanzter Porree.

Apium graveolens var. *dulce*
Bleichsellerie
Bleichsellerie gehört in tiefgründigen, gut durchlässigen basischen Boden mit reichlich organischem Material und gleichbleibender Feuchtigkeit. Bei zu viel Wärme keimen die Samen erst spät, bei zu niedrigen Temperaturen schossen die Pflanzen meist; die richtige Temperatur liegt bei 10 °C. Ausgesät wird im Frühjahr am besten unter Glas. Am leichtesten lassen sich die selbst bleichenden Sorten ziehen. Verteilen Sie die Samen auf der Oberfläche eines mit Kompost gefüllten Topfes und lassen Sie sie unbedeckt stehen. Die Sämlinge werden so früh wie möglich vereinzelt. Haben sie etwa sechs Blätter, werden sie im Abstand von ca. 30 cm ins Freiland ausgepflanzt. Bleichsellerie gedeiht gut in Blockpflanzung; im Spätsommer ist er genussreif. Für die Kultur im Graben erfolgt die Aussaat wie oben beschrieben. Sind die Sämlinge soweit entwickelt, dass sie ausgepflanzt werden können, heben Sie einen 30 cm tiefen und mehr als 30 cm breiten Graben aus, in den Sie verrotteten Dung und Erde werfen und die Setzlinge im Abstand von je 30 cm in einer Reihe einpflanzen. Sind die Pflanzen etwa 30 cm hoch, füllen Sie allmählich Erde in den Graben nach; umgeben Sie die Pflanzen etwa bis zur Hälfte ihrer Wuchshöhe mit Erde. Häufeln Sie die Pflanzen dann alle drei Wochen etwas mehr an. Der Bleichsellerie ist um die Wintermitte ernte- und genussreif.
Schädlinge und Krankheiten: Selleriefliege, Schnecken.
Gute Sorten: 'Golden Self-blanching' (selbstbleichend), 'Giant Pink – Mammoth Pink' (im Graben zu bleichen).

△ Spargelspitzen.

Apium graveolens var. *rapaceum*
Knollensellerie
Knollensellerie liebt einen sonnigen Standort und nährstoffreichen Boden mit viel Humus. Säen Sie ihn um die Frühjahrsmitte bei 18 °C aus. Härten Sie die Pflanzen im unbeheizten Frühbeetkasten ab. Stellt sich nochmals kalte Witterung ein, verzögern Sie das Wachstum, indem Sie die Spitzen der Pflanzen stutzen. Wenn es warm ist, setzen Sie die Pflanzen im Abstand von je 30 cm flach ins Beet. Bewässern Sie sie gut und mulchen Sie den Boden. Knollensellerie ist im Herbst erntereif, kann jedoch auch länger auf dem Beet bleiben. In kälteren Gegenden wird er mit Stroh bedeckt, sobald sich der Winter ankündigt.
Schädlinge und Krankheiten: Nur wenige.
Gute Sorte: 'Monarch'.

Asparagus officinalis
Spargel
Kaufen Sie ein- oder dreijährige männliche Setzlinge, die fruchtbarer sind als weibliche Pflanzen. Das traditionelle Spargelbeet ist 1,2 Meter breit; die Setzlinge werden darin in zwei Reihen im Abstand von 45 cm versetzt angeordnet. Heben Sie im Frühjahr einen spatentiefen Graben aus und entfernen Sie aus der Erde alle Unkrautwurzeln. Haben Sie in Ihrem Garten schweren Boden, setzen Sie ihm Kies, Dung und Lauberde zu oder erhöhen Sie das Beet, denn Spargel verfault in zu feuchtem Erdreich. Ist der Boden sauer, geben Sie Kalk zu. Die Grabensohle muss mit einer lockeren, gewölbten Bodenschicht bedeckt sein; pflanzen Sie darauf die Setzlinge und breiten Sie die Spargelwurzeln schön nach unten aus. Füllen Sie den Graben mit Erde auf, sodass die Setzlinge mit einer ca. 15 cm dicken Schicht bedeckt sind. Im ersten Jahr wird kein Spargel gestochen. Haben die Pflanzen richtig Fuß gefasst, können Sie jeden Sommer sechs Wochen lang Spargel ernten und die restlichen Stangen wachsen lassen. Schneiden Sie sie ab, wenn sie gelb werden. Geben Sie dem Beet im Winter eine Kopfdüngung mit verrottetem Stallmist und im nächsten Frühjahr etwas Dünger.
Probleme: Spätfrost kann eine zeitige Ernte verderben. Schützen Sie das Beet deshalb mit Gartenvlies.
Schädlinge und Krankheiten: Schnecken, Spargelhähnchen, Spargelrost.
Gute Sorte: 'Connover's Colossal'.

△ Roter Mangold.

Beta vulgaris ssp. *vulgaris*
Mangold
Mangold ist ein einfach zu ziehendes Gemüse, dessen Blätter nach und nach geerntet werden, das in der Regel den Winter überdauert und im Folgejahr Samen bildet. Die unten aufgeführten Varietäten sind sämtlich farbenfrohe Verwandte der Roten Bete und vertragen sich gut mit den verschiedenen Kohlarten. Mangold wird ab Frühjahresmitte bis zum Frühsommer an

einem leicht schattigen Standort in guten, nährstoffreichen Boden ausgesät und später auf einen Abstand von 30 cm ausgedünnt. In Trockenperioden muss er bewässert werden. Da Mangold ein Gewächs der Küstengebiete ist, sollte man den Pflanzen Algendünger geben. Pflücken Sie bei der Ernte stets die äußeren Blätter, die nicht zu alt werden sollten.
Schädlinge und Krankheiten: Nur wenige – Schnecken, Vögel.
Sorten: Mangold ist als Schnitt-, Stiel-, Blatt- und Blatt-Stielmangold erhältlich.

Beta vulgaris ssp. *vulgaris*
Rote Beete
Rote Beete lassen sich den ganzen Sommer über ernten, wenn sie vom Frühjahr an alle paar Wochen ausgesät werden. Für die Haupternte nimmt man meist Sorten mit zylindrischer Form. Die Aussaat erfolgt im Spätsommer, die Knollen werden für den Winter gelagert oder im Boden gelassen. Rote Bete gedeiht an vollsonnigen Standorten und in den meisten gut durchlässigen Böden. Für eine frühe Ernte empfehlen sich schossresistente Sorten. Säen Sie sie in 15 cm voneinander entfernten Nestern, von denen später nur eine Pflanze stehen bleibt.
Probleme: Werden die Rüben beim Hacken beschädigt, bluten sie aus.
Schädlinge und Krankheiten: Nur wenige – Blattfleckenkrankheit oder Mehltau.
Gute Sorten: 'Boltardy' (rund), 'Cheltenham Green Top' (zylindrisch).

Brassica napus var. *napobrassica*
Kohlrübe
Die Kohlrübe verträgt sich auf dem Beet mit anderen Kohlarten. Säen Sie die Samen im Frühsommer im Abstand von ca. 22 cm direkt ins Freiland. Mulchen Sie den Boden und halten Sie ihn unkrautfrei. Kohlrüben können den Winter hindurch auf dem Beet bleiben, doch es ist besser sie zu ernten und zu lagern.
Schädlinge und Krankheiten: Erdfloh, Mehltau, Kohlhernie, Nassfäule.
Gute Sorte: 'Marian'.

△ Erntereife Rote Bete.

Brassica oleracea
Brokkoli
Brokkoli ist eine einjährige Pflanze, die im Sommer geerntet wird. Er liebt sonnige Standorte und gut durchlässige Böden mit viel Humus. Die Aussaat erfolgt zeitig unter Glas oder im späten Frühjahr ins Freiland. Dabei werden im Abstand von 20 cm immer drei Samen zusammen in den Boden gelegt, später dünnt man auf nur eine Pflanze aus. Bewässern Sie die Pflanzen bei trockener Witterung gut.
Schädlinge und Krankheiten: Kohlfliege, Kohleule, Kohlweißling, Tauben, Kohlhernie.
Gute Sorte: 'Shogun'.

Brassica oleracea
Grünkohl
Grünkohl sät man im Frühjahr am besten ins Anzuchtbeet. Pflanzen Sie die kräftigsten Sämlinge von Mitt- bis Spätsommer im Abstand von 45 cm aus. Gießen Sie die Pflanzen ausreichend und ernten Sie sie je nach Aussaattermin vom Herbst bis in den Winter.
Schädlinge und Krankheiten: Kohlfliege, Kohleule, Kohlweißling, Vögel, Kohlhernie.
Gute Sorte: 'Fribor'.

Brassica oleracea
Blumenkohl
Blumenkohl ist unberechenbar. Er neigt dazu noch vor der Ernte- und Genussreife zu blühen, und Wasser- oder Nährstoffmangel kann ihn verderben. Die Samen können „taub", d. h. ohne eine Mittelknospe, aufgehen. Der Kopf muss vor direktem Sonnenlicht geschützt und zu diesem Zweck mit den angeknickten Blumenkohlblättern bedeckt werden. Blumenkohl lässt sich nur ungern verpflanzen und steht auch nicht gern in lockerem Boden. Die Sorten für die Herbst- und Winterernte ähneln dem Brokkoli. Beginnen Sie mit den Sommersorten. Bringen Sie die Samen an einer geschützten Stelle in nährstoffreichen, festen Boden. Richten Sie sich mit dem Zeitpunkt nach den Anweisungen auf der Saatgutverpackung. Verpflanzen Sie die Jungpflanzen später im Abstand von 60 cm.
Schädlinge und Krankheiten: Kohlweißling, Kohleule, Kohlfliege, Kohlhernie.
Gute Sorten: 'Alpha 5 – Polaris' (Sommer), F1 'Castlegrant' (Herbst oder Winter).

△ Ernte- und genussreifer Blumenkohl.

Brassica oleracea
Gruppe Capitata
Kopfkohl
Kopfkohl kann das ganze Jahr über gezogen werden. Da er gern in festem Boden wurzelt, muss die Erde an den Pflanzen mit dem Schuh festgetreten werden. Der Kohlsamen für die Winterernte kommt im Frühjahr in flache, 15 cm voneinander entfernte Rillen ins Saatbeet. Die Jungpflanzen werden im Mittsommer im Abstand von 45 cm an ihren endgültigen Standort gesetzt. Ernten können Sie ab Herbst, wenn die Köpfe fest sind. Kohl für die Ernte im Frühjahr wird im Spätsommer ausgesät, ansonsten wie Winterkohl behandelt. Die Aussaat für die Sommerernte erfolgt im Spätwinter in Saatschalen unter Glas. Härten Sie die Setzlinge ab und pflanzen Sie sie im zeitigen Frühjahr im Abstand von 45 cm aus und schützen Sie sie mit Glas- oder Kunststoffhauben.
Schädlinge und Krankheiten: Kohlfliege, Raupen, Kohlweißling, Mehlige Kohlblattlaus, Kohlmottenschildlaus, Kohlhernie.
Gute Sorten: 'Januar King 3' (Winter), 'Offenham 1 Myatt's Offenham Compacta' (Frühjahr), F1 'Hispa' (Sommer).

△ Schöne runde Kohlköpfe.

Brassica oleracea
Gruppe Gemmifera
Rosenkohl
Rosenkohl wächst langsam. Säen Sie ihn vom zeitigen Frühjahr bis Frühjahrsmitte in flache Rillen ins Saatbeet und schützen Sie die Saat mit Netzen vor den Vögeln. Die 5 – 7,5 cm hohen Jungpflanzen werden im Abstand von 75 cm ins Kohlbeet gesetzt. Halten Sie den Boden unkrautfrei, mulchen und bewässern Sie ihn gut. Die hoch wachsenden Sorten müssen gestützt werden. Entfernen Sie die vergilbenden Blätter an der Basis und ernten Sie die Pflanze vom Herbst bis zum Frühjahr von unten nach oben ab. Graben Sie die Pflanzen am Saisonende samt Wurzeln aus.
Schädlinge und Krankheiten: Kohlfliege, Kohleule, Kohlweißling, Vögel, Kohlhernie.
Gute Sorte: F1 'Cascade', F1 'Oliver'.

Brassica oleracea
Gruppe Gongylodes
Kohlrabi
Kohlrabi wird bei Bodentemperaturen über 10 °C direkt ins Kohlbeet ausgesät und später auf einen Pflanzenabstand von 20 cm ausgedünnt. Gießen Sie nur, wenn die Blätter welken. Kohlrabi sollte kurz nach der Ernte verzehrt werden.
Schädlinge und Krankheiten: Nur wenige.
Gute Sorte: 'Rowel'.

Brassica oleracea
Gruppe Italica
Sprossen-Brokkoli
Sprossen-Brokkoli ist eine Winterkultur, die man vor allem in England und Südfrankreich findet. Am besten ist er im zeitigen Frühjahr. Säen Sie ihn im späten Frühjahr ins Saatbeet. Sind die Pflanzen groß genug, setzen Sie sie im Abstand von 75 cm an ihren endgültigen Standort. Sprossen-Brokkoli wird wie Brokkoli kultiviert; ständiges Ernten fördert die Entwicklung neuer Sprossen.

△ Erntereifer Kohlrabi.

Schädlinge und Krankheiten: Kohlfliege, Kohleule, Kohlweißling, Tauben, Kohlhernie.
Gute Sorte: 'Early Purple Sprouting Improved'.

Brassica rapa
Gruppe Rapifera
Speiserübe
Speiserüben können den ganzen Sommer und Herbst über geerntet und für den Winter gelagert werden. Der Boden sollte feinkrümelig und weder zu sauer, noch zu trocken sein. Die Sommerkulturen stehen gern in lichtem Schatten. Erst wenn sich der Boden erwärmt hat, säen Sie in dreiwöchigem Abstand direkt ins Freiland; Kälte lässt die Pflanzen schossen. Dünnen Sie die Sämlinge auf einen Abstand von 10 cm aus. Schützen Sie die Pflanzen mit Glas- oder Kunststoffglocken und bewässern Sie sie in Trockenperioden.
Schädlinge und Krankheiten: Erdfloh.
Gute Sorte: 'Golden Ball'.

Capsicum annuum, C. frutescens
Gemüse- und Gewürzpaprika
Gemüsepaprika und Gewürzpaprika sind tropische Gewächse, die nährstoffreichen, feuchten, leicht sauren Boden und Sonne brauchen, die sich

jedoch auch in gemäßigtem Klima wie Tomaten ziehen lassen. Säen Sie sie im Gewächshaus aus; hat sich der Boden erwärmt, pflanzen Sie sie ins Freie und schützen sie mit einer Glocke aus Glas oder Kunststoff. Damit die Luft zwischen den Pflanzen zirkulieren kann, müssen sie im Abstand von 35 cm stehen. Stützen Sie die Pflanzen. Sobald sie ca. 30 cm hoch sind, knipsen Sie die Triebspitzen ab, damit die Pflanzen kräftig werden und später das Gewicht der Paprikafrüchte tragen können. Bewässern Sie sie gut, ohne die Pflanzen selbst dabei allzu nass zu machen, und verabreichen Sie eine wöchentliche Düngergabe. Gewürzpaprika ist überaus fruchtbar. Zwei Pflanzen reichen aus um Sie eine Saison lang reichlich zu versorgen.

Schädlinge und Krankheiten: Rote Spinnmilbe, Weiße Fliege, Blattläuse, Grauschimmel.

Gute Sorten: 'Beauty Bell' (Gemüsepaprika), 'Harabero' (Gewürzpaprika).

△ Roter Gewürzpaprika.

Cucumis sativus

Gurke

Säen Sie im Frühjahr jeweils zwei Samen in einen Topf, suchen Sie dann die stärkere Pflanze von beiden aus und setzen Sie sie, wenn die Bodenfrostgefahr vorüber ist, ins Freiland. Direkt ins Freiland gesäte Gurken werden mit einer Glocke geschützt. Gurken lieben nährstoffreichen, Feuchtigkeit speichernden Boden. Bilden Sie Mulden, legen Sie jeweils drei Samen hinein und dünnen Sie die Pflanzen später aus. Lassen Sie Gurkenpflanzen nie austrocknen. Die Kultivierung an einem Rankgerüst schützt die Pflanzen vor Schnecken.

Schädlinge und Krankheiten: Schnecken, Gurkenmosaikvirus.

Gute Sorte: F1 'Bush Champion'.

Cichorium intybus

Chicorée, Radicchio

Es handelt sich hier um den weißen Spross des Treibchicorées bzw. um eine kopfförmig wachsende Pflanze der gleichen Art, die im Sommer wie Salat gezogen wird. Treibchicorée wird im Sommer dünn in fein gerechten Boden ins Freiland gesät. Dünnen Sie die Sämlinge später auf einen Abstand von etwa 22 cm aus. Die Pflanzen mögen fruchtbaren Boden und Sonne. Bewässern Sie die Saatreihen, bis die Sämlinge erscheinen und lassen Sie diese dann zur Anregung des Wurzelwachstums recht trocken stehen. Die Wurzeln werden im Spätherbst oder Frühwinter ausgegraben. Schneiden Sie das Laub unmitelbar über der Krone ab, kürzen Sie die Wurzeln auf ca. 30 cm und lagern Sie sie in einem frostfreien Schuppen in Sand. Setzen Sie zum Treiben einige Wurzeln so tief in große Töpfe mit feuchter Erde, dass die Kronen gerade noch zu sehen sind. Lassen Sie die Töpfe im Dunkeln bei mindestens 10 °C stehen. Nach rund drei Wochen können Sie ernten. Werden die Sprosse dabei vorsichtig abgebrochen, bilden sich nach der Ernte neue. Radicchio wird zunächst wie Chicorée behandelt, jedoch weiterhin bewässert und im Spätsommer geerntet. Zum Bleichen stülpen Sie über die Mitte jeder Pflanze einen Blumentopf mit verschlossenem Drainageloch und halten die Pflanze eine Woche oder zehn Tage vor der Ernte der Blätter unter einer Glocke trocken. Es gibt auch selbstbleichende Sorten.

Schädlinge und Krankheiten: Nur wenige – Erdraupe, Drahtwurm, Schnecken.

Gute Sorten: 'Brussels Witloof' (Treibchicorée), 'Rossa die Verona' (Radicchio), 'Sugar Loaf' (hellgrün, natürlich gebleicht).

▷ Erntereife Minigurken. Diese Pflanze wurde an einer Schnur nach oben geleitet.

Cucurbita pepo
Zucchini und **Kürbis**
Diese Pflanzen sind sehr fruchtbar und einfach zu ziehen, wenn man sie mit reichlich Wasser versorgt. Säen Sie die Samen im späten Frühjahr oder im Frühsommer einzeln in Töpfe, die zunächst im Haus bleiben. Pflanzen Sie die Setzlinge im Mittsommer in gut gedüngten Boden und im Abstand von 90–120 cm ins Freie aus. Stecken Sie neben jeder Pflanze ein Stück Rohr in den Boden, damit das Gießwasser direkt an die Wurzeln gelangt. Ziehen Sie die Pflanzen an einem Dreibock oder wählen Sie buschige Sorten. Je mehr junge Früchte Sie ernten, desto mehr wachsen nach. Die Blüten sind essbar.
Schädlinge und Krankheiten: Schnecken, Blattläuse, Mehltau, Gurkenmosaikvirus.
Gute Sorte: F1 'Defender'.

△ Artischocke.

◁ Erntereifer Gartenkürbis.

Cynara scolymus
Artischocke
Artischocken lassen sich leicht aus bewurzelten Ablegern ziehen, die man im Frühjahr an einem sonnigen Standort im Abstand von 1,2 m flach in den Boden pflanzt. Sie mögen weder Kälte noch Nässe. Schützen Sie sie gegen die Winterkälte mit Stroh. Mulchen und düngen Sie den Boden im Frühjahr und teilen Sie die Pflanzen alle drei Jahre. Von den ähnlichen Gemüseartischocken *(C. cardunculus)* werden nicht die Blütenknospen, sondern die Stengel gegessen.
Schädlinge und Krankheiten: Mit Ausnahme der Blattläuse resistent gegen die meisten Schädlinge.
Gute Sorten: 'Green Globe' (Artischocke), 'Gigante di Romana' (Gemüseartischocke).

Daucus carota ssp. *sativus*
Möhre
Möhren brauchen leichten, gut durchlässigen, fruchtbaren Boden. Ist der Boden in Ihrem Garten zu schwer, ziehen Sie die Pflanzen in erhöhten Beeten. Säen Sie ab Frühjahrsmitte (oder früher, wenn Sie die Saat mit Glocken schützen) alle zwei Wochen einige Samen ins Freiland, damit Sie bis zum zeitigen Winter immer wieder ernten können. Bringen Sie die mit Silbersand gemischte Saat so dünn wie möglich aus. Bewässern Sie die Pflanzen in Trockenperioden.
Schädlinge und Krankheiten: Möhrenfliege.
Gute Sorten: 'Flyaway', 'Autumn King'.

Eruca vesicaria
Rauke
Die im Handel sehr teure Rauke lässt sich einfach kultivieren. Streuen Sie vom Frühjahr an einige Samen aus und schneiden Sie die Pflanzen ab, wenn sie 7,5–10 cm hoch sind. Sie treiben wieder aus und überstehen auch milde Winter.
Schädlinge und Krankheiten: Erdfloh.

Foeniculum vulgare var. *azoricum*
Gemüsefenchel
Im Unterschied zum Gewürzfenchel *(F. v.* var. *dulce)* wird der Gemüsefenchel wegen seiner nach Anis schmeckenden Knolle kultiviert. Die Pflanze braucht viel Feuchtigkeit, Sonne und guten, nährstoffreichen Boden. Säen Sie den Gemüsefenchel vom Frühjahr an in Schüben ins Freiland. Dünnen Sie die Pflanzen später auf 30 cm Abstand aus und bewässern Sie sie gut, damit sie nicht schossen.
Schädlinge und Krankheiten: Schnecken.
Gute Sorte: 'Perfection'.

Helianthus tuberosus
Topinambur
Topinambur lässt sich leicht ziehen, ist winterhart und kann sehr üppig werden. Kaufen Sie beim Gemüsehändler einige Knollen und pflanzen Sie sie im Frühjahr im Abstand von 10 – 15 cm in feinkrümeligen, sandigen Boden. Ernten Sie die Knollen einen Monat nach der Blüten oder nachdem die oberirdischen Teile durch den Frost abgestorben sind. Holen Sie im Frühjahr alle noch verbliebenen Knollen aus dem Boden und pflanzen Sie sie neu.
Schädlinge und Krankheiten: Schnecken, Sclerotiniafäule.
Gute Sorte: 'Black Beauty'.

Lactuca sativa
Salat
Römischer Salat, Schnitt- und Pflücksalatsorten (darunter Lollo Rosso), Eissalat u. a. können vom Frühjahr bis zum Herbst im Freiland gezogen werden. Damit Sie stets Salat ernten können, säen Sie von der Frühjahrsmitte an (unter Glas schon eher) bis Mittsommer alle zwei Wochen einige Samen aus. Stehen die Pflanzen vor Frost geschützt unter Glocken, im unbeheizten Frühbeet oder im Treibhaus, lassen sie sich auch den Winter hindurch kultivieren. Salat liebt einen etwas kühleren, in der Sommerhitze teilweise schattigen Standort. Säen Sie das Saatgut in Feuchtigkeit speichernden Boden und dünnen Sie die Sämlinge bei kleiner bleibenden Sorten dann auf ca. 15 cm Abstand aus. Bewässern Sie die Pflanzen immer.
Probleme: Bei zu hohen Temperaturen kann sich die Keimung verzögern; die Pflanzen neigen zum Schossen.
Schädlinge und Krankheiten: Schnecken, Salatwurzellaus, Erdraupe, Vögel, Grauschimmel.
Gute Sorten: 'Red Salad Bowl' (Eichblattsalat), 'Cocarde' (Schnittsalat), 'Lobjoit's Green Cos' (Römischer Salat), 'Parella Green' (für Winteranbau).

△ Schnittsalat der Sorte 'Cocarde'.

Lycopersicon esculentum
Tomate
Tomaten können als Jungpflanzen gekauft oder um die Frühjahrsmitte im Zimmergewächshaus bei 19 °C aus Samen gezogen werden. Härten Sie die Setzlinge sorgfältig ab und pflanzen Sie sie im Frühsommer an einem sonnigen, geschützten Platz ins Freiland – Stabtomaten im Abstand von 45 cm, Buschtomaten im Abstand von 60 cm. Mulchen Sie den Boden und decken Sie die Pflanzen mit Vlies oder Glocken ab. Tomaten mögen nährstoffreichen, gut durchlässigen, Feuchtigkeit speichernden Boden. Man pflanzt sie häufig statt ins Beet auch in Säcke, die mit Erde gefüllt sind. Tomaten müssen häufig gegossen und wöchentlich gedüngt werden. Beinwelljauche ist dafür besonders gut. Stabtomaten werden im Unterschied zu Buschtomaten oberhalb der vierten oder fünften Fruchttraube eingekürzt.
Schädlinge und Krankheiten: Weiße Fliege, grüne Blattlaus, Spinnmilbe, Schnecken, Vögel, Samtfleckenerkrankung, Kraut- und Braunfäule.
Gute Sorten: 'Alicante', 'Gardener's Delight'.

Pastinaca sativa
Pastinak
Pastinake sind winterharte Anbaupflanzen. Sie brauchen nährstoffreichen, steinfreien Boden. Ist der Boden mager, gedeihen die Pflanzen auch in einzelnen mit Kompost aufgefüllten Löchern. Legen Sie im späten Frühjahr in jedes Loch drei Samen und lassen Sie später nur die kräftigste Pflanze stehen. Der Abstand zwischen den einzelnen Pflanzen beträgt abhängig von der Sorte 7,5–15 cm. Halten Sie den Boden stets unkrautfrei. Geben Sie den Pflanzen nicht zuviel Wasser; das würde das Blatt- und nicht das Wurzelwachstum anregen. Geerntet wird im Herbst und den Winter hindurch.
Probleme: Die Keimung kann sich verzögern.
Schädlinge und Krankheiten: Vögel, Rostpilz, Schwarzfäule.
Gute Sorte: 'Tender and True'.

◁ Tomaten der Sorte 'Shirley'.

Phaseolus coccineus
Prunkbohne
Prunkbohnen werden im späten Frühjahr in nährstoffreichen, feuchten Boden ausgesät, wenn keine Frostgefahr mehr besteht. Die Pflanzen mögen einen kühlen, feuchten Standort; geben Sie dem Boden deshalb viel Humus zu und bringen Sie eine Mulchdecke auf. Säen Sie die Bohnen im Abstand von 15 cm an eine geschützte Stelle. Lassen Sie zwischen den Reihen 60 cm Abstand. Die Pflanzen brauchen kräftige, ca. 3 m hohe Stützen, die man doppelreihig in Zeltform, als einreihiges Klettergerüst oder kreisförmig aufstellt.
Probleme: Zu warme Witterung verzögert die Hülsenbildung.
Schädlinge und Krankheiten: Nur wenige – Mäuse, Schnecken.
Gute Sorte: 'Enorma'.

Phaseolus lunatus
Limabohne
Die auch als Mondbohne bekannte Limabohne wächst nur in warmen Gegenden. Säen Sie sie im späten Frühjahr unter Glas oder bei Bodentemperaturen von über 18 °C im Abstand von 60 cm ins Freiland aus. Legen Sie in jeden Horst ein halbes Dutzend Samen und dünnen Sie nach der Keimung auf drei Pflanzen aus. Mulchen Sie den Boden gut.
Schädlinge und Krankheiten: Blattläuse, Blattrandkäfer.
Gute Sorte: 'King of the Garden'.

Phaseolus vulgaris
Gartenbohne
Die Gartenbohne liebt warmen, leicht sauren Boden. In kühlen Gegenden wird sie entweder um die Frühjahrsmitte unter Glas oder im Frühsommer an einem geschützten, sonnigen Standort ausgesät. Bereiten Sie den Boden gut vor und geben Sie ihm viel Kompost zu, damit die Pflanzenwurzeln nicht austrocknen. Säen Sie die Bohnensamen im Abstand von 20 cm aus. Kletternde Sorten benötigen eine Stütze. Hat eine Pflanze das Ende der Stütze erreicht, kneifen Sie die Triebspitzen ab. Mulchen Sie den Boden und bewässern Sie die Pflanzen in Trockenperioden.
Schädlinge und Krankheiten: Schnecken, Blattläuse, Fettfleckenkrankheit.
Gute Sorten: 'Sprite' (Buschbohne), 'Hunter' (Kletterbohne).

△ An Stangen emporkletternde Bohnen.

△ Zuckererbsen.

Pisum sativum
Pal-, Zucker- und **Markerbse**
Erbsen gedeihen am besten an einem kühlen Standort und in leicht saurem, reichlich feuchtem Boden. Die überwinternden Sorten enttäuschen meist. Es ist viel besser Erbsen im Frühjahr (Pal-, Zucker- und Markerbsen etwa zur gleichen Zeit) auszusäen, wenn der Boden warm ist. Bringen Sie die Samen im Abstand von 5 – 7,5 cm in den Boden und bedecken Sie sie mit Glas- oder Kunststoffglocken. Manche Erbsensorten stützen sich selbst, andere brauchen eine Rankhilfe. Schützen Sie die Pflanzen mit Netzen vor den Vögeln. Je mehr Sie ernten, desto mehr wachsen nach. Sind die Pflanzen abgeerntet, lassen Sie die Wurzeln im Boden.
Schädlinge und Krankheiten: Erbsenwickler, Blattrandkäfer, Vögel, Mäuse, Mehltau.
Gute Sorten: 'Early Onward' (früh), 'Hurst Greenshaft' (spät), 'Oregon Sugar Pod' (Zuckererbse), 'Mammouth Melting Sugarpod'.

Raphanus sativus
Rettich
Säen Sie Rettich vom Frühjahr an öfter und in kleinen Mengen in leichten Sandboden aus. Es gibt Sorten mit roter oder schwarzer Schale sowie Sorten für die Winterernte, die im Spätsommer ausgesät und über einen langen Zeitraum geerntet werden.
Schädlinge und Krankheiten: Erdfloh.
Gute Sorten: 'French Breakfast' (Sommerrettich), 'Black Spanish Round' (Winterrettich).

△ Erntereife Radieschen (*Raphanus sativus* var. *sativus*).

Rheum x *cultorum*
Rhabarber
Rhabarber ist eine zuverlässige, problemlose Anbaupflanze. Besorgen Sie sich bei einem Gartennachbarn oder im Gartenmarkt Wurzelstücke. Mischen Sie viel Humus, bei saurem Boden auch Kalk unter das Erdreich und setzen Sie die Wurzelstücke während der Vegetationsruhe im Abstand von 90 cm an einen sonnigen Standort in den Boden und bedecken Sie sie ca. 2,5 cm hoch mit Erde. Geben Sie ausreichend Wasser, vermeiden Sie dabei aber Staunässe. Vom zweiten Jahr an können Sie die Stangen vom Frühjahr bis zum Herbst ernten. Lassen Sie stets drei oder vier Stangen mit Laub stehen. Lassen Sie die Pflanze dann Kraft für das nächste Jahr sammeln. Häufen Sie im Herbst reichlich Stalldung um die Pflanze auf.
Schädlinge und Krankheiten: Nur wenige.

△ Reife Auberginen.

Scorzonera hispanica
Schwarzwurzel
siehe *Tragopogon porrifolius* **Haferwurzel**.

Solanum melongena
Aubergine
Auberginen werden wie Tomaten gezogen. In kühleren Gegenden sät man sie im Frühjahr unter Glas aus. Die Pflanzen überleben im Freiland nur, wenn sie im Sommer an einem sonnigen, geschützten Standort unter Glas oder Folie stehen. Auberginen brauchen einen gut durchlässigen, gedüngten Boden mit hohem Kaligehalt sowie viel Wasser. Düngen Sie, sobald die Pflanzen Früchte bilden.
Schädlinge und Krankheiten: Weiße Fliege, grüne Blattlaus, Rote Spinnmilbe, Grauschimmel.
Gute Sorte: 'Black Beauty'.

Solanum tuberosum
Kartoffel
Kartoffeln mögen viel Humus und Feuchtigkeit und bevorzugen sandigen, sauren Boden. Graben Sie das für sie vorgesehene Beet im Herbst um und arbeiten Sie dabei viel Stalldung oder Kompost unter. Kaufen Sie im zeitigen Frühjahr gesunde Saatkartoffeln und legen Sie sie zum Keimen an einen kühlen, hellen Platz. Frühkartoffeln werden einen Monat vor den letzten Frösten 15 cm tief und im Abstand von 40 cm in Reihen gepflanzt und dann gedüngt. Häufeln Sie sie zur Anregung des Wachstums und zum Abdecken der Knollen etwa dreimal an; in frei liegenden Knollen bildet sich, an grünen Flecken sichtbar, giftiges Solanin. Als Alternative zum Anhäufeln können Sie den Boden mit einer schwarzen Kunststoffplane abdecken und die Kartoffeln durch Einschnitte in der Plane in den Boden pflanzen. Lagerkartoffeln (Haupternte) werden wie Frühkartoffeln behandelt, jedoch in Abständen von 75 cm gepflanzt. Wenn Sie blühen, beginnt die Ernte der frühen Sorten. Die Knollen für die Haupternte bleiben bis zum Herbst im Boden.
Schädlinge und Krankheiten: Schnecken, Drahtwürmer, Kraut- und Knollenfäule, Kartoffelschorf.
Gute Sorten: 'Concorde' (Frühkartoffel), 'Avalanche' (Lagerkartoffel).

Spinacea oleracea
Spinat
Spinat braucht viel Wasser und Schatten. Die ersten Kulturen können bereits im Winter bei 18 °C im Haus ausgesät und dann im zeitigen Frühjahr im Abstand von 15 cm in nährstoffreichen, feuchten Boden (pH-Wert 6,5 – 7) unter Glocken ins Freie ausgepflanzt werden. Damit eine ständige Versorgung gewährleistet ist, säen Sie den Sommer hindurch alle zwei Wochen einige Samen aus. Für die Ernte im Winter wird im Spätsommer gesät. Pflücken Sie bei der Ernte nur die äußeren Blätter, bilden die Pflanzen immer wieder neue.
Probleme: Schossen; weniger dazu neigen Neuseelandspinat *(Tetragonia expansa)* und Mangold (*Beta vulgaris* ssp. *vulgaris* var. *cicla*).
Schädlinge und Krankheiten: Ziemlich resistent. Blattläuse, Falscher Mehltau.
Gute Sorte: 'Atlanta' (Sommeranbau).

△ Zuckermais in Blockpflanzung, die die Bestäubung durch den Wind unterstützt.

Tragopogon porrifolius
Haferwurzel
Haferwurzel und Schwarzwurzel *(Scorzonera hispanica)* sind langsam wachsende Wurzelgemüse, die besonders in Südeuropa bekannt und beliebt sind. Sie ähneln sich, wobei die Haferwurzel eine weiße, die Schwarzwurzel eine schwarze Wurzelschale hat. Die jungen Triebe und die Blütenknospen können wie Spargel gekocht werden. Die Blüten locken Nützlinge an. Säen Sie die Samen im Frühjahr im Abstand von 30 cm in nicht zu nährstoffreichen Boden aus. Die Wurzeln sind im Herbst fertig ausgebildet, können den Winter über aber im Beet gelassen werden.
Schädlinge und Krankheiten: Nur wenige – Möhrenfliege.
Gute Sorten: 'Sandwich Island Mammouth' (Haferwurzel), 'Long Black Maximum' (Schwarzwurzel).

Valerianella locusta
Feldsalat
Das auch unter dem Namen Rapunzel bekannte Gewächs ist eine wertvolle Salatpflanze für den Winter. Säen Sie die Samen im Spätsommer in gut durchlässigen Boden und dünnen Sie die Sämlinge dann auf einen Abstand von 15 cm aus. Feldsalat kann den ganzen Winter hindurch geerntet werden; pflücken Sie stets nur einzelne Blätter ab, damit genügend neue nachwachsen.
Schädlinge und Krankheiten: In der Regel problemlos.
Gute Sorte: 'Vit'.

Vicia faba
Dicke Bohne
Dicke Bohnen sind winterhart und einfach zu kultivieren. Für eine zeitige Ernte kann man sie bereits im Spätherbst aussäen, die Aussaat für die Haupternte erfolgt im zeitigen Frühjahr. Werden sie jung gepflückt, kann man die Kerne samt Hülsen essen. Hoch wachsende Arten müssen gestützt werden. Säen Sie die Samen im Abstand von ca. 22 cm in leicht sauren Boden (pH-Wert 6,5) aus und decken Sie die überwinternden Pflanzen mit Gartenvlies ab. In wärmeren Gegenden wachsen die Bohnen wieder und bringen eine zweite Ernte, wenn man sie nach der ersten Ernte bis an die Basis zurückschneidet.
Schädlinge und Krankheiten: Blattrandkäfer, Schokoladenfleckenkrankheit.
Gute Sorten: 'Aquadulce Claudia' (Herbstaussaat), 'Express' (Frühjahrsaussaat).

Zea mays convar. *saccharata*
Zuckermais
Zuckermais ist ein Gemüse, das ganz frisch gekocht viel schmackhafter als in rohem Zustand ist. Er braucht einen warmen, geschützten Standort, Windschutz und eher sauren Boden. In kühleren Gegenden sät man ihn im Frühjahr einzeln in Töpfe, die zunächst im Haus bleiben. Härten Sie die Sämlinge gut ab und pflanzen Sie sie ins Freiland aus, wenn der Boden warm ist. Da die Blüten vom Wind bestäubt werden, pflanzt man Mais am besten im Block mit einem Abstand von ca. 35 cm zwischen den einzelnen Pflanzen. Um die Ernte zu verbessern, bewässern Sie den Mais großzügig, wenn er in Blüte steht und die Kerne sich entwickeln. Probieren Sie auch die neuen, sehr süßen Sorten.
Schädlinge und Krankheiten: Mit Ausnahme der Mäuse gegen Schädlinge und Krankheiten resistent.
Gute Sorte: 'Early Extra Sweet'.

Fernöstliche Gemüsearten

Diese Gemüsearten aus China oder Japan wachsen rasch und brauchen viel Wasser. Unter ihnen sind Schnittsalate für den Sommer und auch überwinternde Arten. Sie kommen in jedem fruchtbaren Boden zurecht, wobei fernöstliche Kohlarten zum Schossen neigen, wenn die Temperaturen im frühen Entwicklungsstadium zu niedrig sind oder die Pflanzen belastet werden. Mit Ausnahme des Chinakohls (der Ziel aller üblichen Kohlschädlinge und -krankheiten ist) sind sie gegen die meisten Schädlinge resistent, aber verlockend für Schnecken. Die Auswahl an Saatgut ist in den westlichen Ländern etwas begrenzt.

Brassica juncea
Sareptasenf

Sareptasenf oder Indischer Senf sollte im Spätsommer oder im Herbst ausgesät werden. Pflücken Sie den ganzen Winter hindurch die Blätter und ernten Sie im Frühjahr schließlich die Pflanze. Die im Westen am ehesten erhältlichen Sorten sind 'Green in Snow' (Wintersorte) und 'Red Giant' (ein scharfer roter Kohl, den man in Salate schneiden kann).

△ Stielmus oder Mizuna.

Brassica oleracea
(Alboglabra-Gruppe)
Chinese Kale

Chinese Kale verträgt sowohl Hitze als auch etwas Frost. Die Aussaat erfolgt im Mittsommer. Ernten Sie die jungen Blätter oder lassen Sie die Pflanze überwintern.

Brassica rapa
Chinakohl, Chop Suey

Der zylindrische, kopfförmige oder als lockerer Blattschopf wachsende Chinakohl wird wie andere Kohlarten an einen schattigen Standort gepflanzt. Chop Suey wird in warmen Gegenden als Wintergemüse, in kühlerem Klima im Sommer im Freiland gezogen. Beide sind im Frühjahr eine gute Zwischenkultur. Die Blätter und Blütenblätter sind für Salate und kurz gebratene Speisen verwendbar.

Brassica rapa
(Chinensis-Gruppe)
Pak Choi

Pak Choi ist die bekannteste Unterart des Chinakohls. Er wird im späten Frühjahr unter Glas oder im Sommer ins Freiland gesät und ist zwei bis acht Wochen danach ernte- und genussreif.

Brassica rapa var. *nipposinica*
Stielmus oder Mizuna

Stielmus kommt mit nahezu allen Kulturbedingungen außer mit Trockenheit zurecht. Die Blätter ergeben in der Nebensaison einen guten Salat, die weißen Stengel können gekocht werden. Stielmus wird ins Freiland gesät und in gemäßigtem Klima den Winter hindurch unter Glocken kultiviert.

△ Pak Choi.

△ Sareptasenf der Sorte 'Red Giant'.

KRÄUTER UND BLUMEN

Brechen Sie mit der Nutzgartentradition und lassen Sie neben Obst und Gemüse auch Gewürzkräuter aus dem Mittelmeerraum und ihre Lieblingsblumen wachsen. Die Blüten locken wild lebende Tiere wie Vögel, Bienen und nützliche Insekten an, die das natürliche Gleichgewicht aufrecht erhalten.

- Mehrjährige Kräuter Verzeichnis von A – Z
- Ein- und Zweijährige Kräuter Verzeichnis von A – Z
- Blumen

△ Die Mischung von Blumen und Gemüse im Stil der Bauerngärten fördert die biologische Vielfalt in einem Kleingarten.

△ Blütendolde des Fenchels.

Mehrjährige Kräuter

Rosmarin, Salbei, Lavendel, Thymian, Winterbohnenkraut und andere strauchartige mehrjährige Kräuter brauchen einen sonnigen Standort mit gut durchlässigem Boden. Geben Sie Ihrem Boden zur Verbesserung der Drainage also nötigenfalls Kies zu. Kaufen Sie kleine Pflanzen oder vermehren Sie bereits vorhandene durch Stecklinge. Winterharte Mehrjährige wie Schnittlauch, Estragon und Minze sterben im Winter oberirdisch ab und treiben im Folgejahr wieder aus.

- *Allium schoenoprasum* **Schnittlauch** liebt feuchten Boden und verträgt auch etwas Schatten. Bitten Sie am besten jemanden Ihnen von einem kräftigen Pflanzenbüschel ein paar kleine Zwiebeln abzugeben. Graben Sie die Wurzelballen alle drei Jahre aus, teilen Sie sie und setzen Sie die Stücke in frischen Boden.
- *Artemisia dracunculus* **Französischer Estragon** kann nur aus Stecklingen gezogen werden. Er braucht einen vollsonnigen Standort und gut durchlässigen Boden. Teilen Sie die Wurzeln alle paar Jahre, damit das starke Aroma der Pflanzen erhalten bleibt. Russischen Estragon *(Artemisia dracunculoides)* zieht man aus Samen. Er wird größer und ist widerstandsfähiger als der Französische Estragon, hat aber nicht dessen Aroma und ist bei Köchen weniger begehrt.
- *Foeniculum vulgare* **Fenchel** verstreut seine Samen überall, wenn man

△ Rosmarin, ein mehrjähriges Kraut.

seine Blüten nicht entfernt, und es kommt zu Fremdbestäubung mit Koriander und Dill. Säen Sie im Frühjahr oder Herbst einige Samen im Abstand von 60 cm an einer sonnigen Stelle in fruchtbaren Boden oder beschaffen Sie sich bei einem Gartennachbarn ein Wurzelstück von einer kräftigen Pflanze.

• *Mentha* **Minze** mit ihren zahlreichen Arten und Sorten ist durch Kreuzungen aus verschiedenen Wildarten entstanden; die meisten von ihnen breiten sich rasch aus, wenn man nichts dagegen unternimmt. Es gibt Dutzende Sorten, deren Düfte und Aromen von Eau de Cologne bis Ingwer reichen. Ziehen Sie die Pflanzen im Topf oder setzen Sie sie in einem Topf ohne Boden ins Beet.

• *Origanum majorana* **Majoran**, ein ausgezeichnetes Küchengewürz, ist eine buschige mehrjährige Pflanze, die in kühleren Gebieten meist als Einjährige gezogen wird. Kaufen Sie entweder Pflanzen oder säen Sie den Majoran im Spätherbst aus.

• *Rumex acetosa* **Großer Sauerampfer** breitet sich ebenfalls stark aus. Säen Sie ihn im Frühjahr in gut durchlässigen Boden.

Ein- und **Zweijährige Kräuter**

• *Anethum graveolens* **Dill** braucht gut durchlässigen Boden und Sonne. Sein Laub ist so fein, dass man eine ganze Anzahl Pflanzen benötigt um größeren Bedarf zu decken. Säen Sie Dill vom Frühjahr an in Schüben ins Treibhaus oder ins Freiland aus.

• *Borago officinalis* **Borretsch** ist eine ausgezeichnete Bienenweide. Seine kornblumenblauen Blüten lassen sich gut in Salaten verwenden. Säen Sie Borretsch im Frühjahr ins Freiland aus.

• *Coriandrum sativum* **Koriander** ist ein weiterer Kandidat für gut durchlässigen Boden und einen sonnigen Standort. Sie brauchen nur ganz wenige Pflanzen um sich ausreichend mit den aromatisch duftenden Blättchen zu versorgen. Säen Sie Koriander vom Frühjahr an in kleinen Schüben ins Treibhaus oder ins Freiland aus.

• *Ocimum basilicum* **Basilikum** ist ein frostempfindliches einjähriges Kraut, das in kühleren Gegenden nur im Sommer im Freiland gezogen werden kann, in Töpfen im Haus allerdings auch recht gut gedeiht. Die Blätter des Purpurbasilikums sind genauso würzig wie die der grünen Sorten.

• *Petroselinum crispum* **Petersilie** keimt mitunter nur langsam und wird daher am besten zunächst in Töpfe oder Saatschalen im Haus ausgesät und später in nährstoffreichen, feuchten, feinkrümeligen Boden gepflanzt.

△ Gladiolen und Kakteen in einem mexikanischen Kleingarten.

Blumen

Traditionelle Kleingartenblumen sind Dahlien, Winterastern und Wicken. Die Auswahl lässt sich natürlich um ein Vielfaches vergrößern, wenn Sie Blumen fürs Haus ziehen möchten. Am einfachsten zu kultivieren sind Zwiebelpflanzen für Frühjahr und Herbst und winterharte einjährige Pflanzen für den Sommer. Sie können ins Freiland gesät werden, wenn keine Spätfröste mehr drohen. Halten Sie Ausschau nach langlebigen Blütengewächsen, die nicht gleich nach dem Schneiden den Kopf hängen lassen.

▷ An Bohnenstangen emporwachsende Wicken.

62

Obst anzubauen ist weit weniger mühsam als Gemüse zu ziehen, dabei aber gleichermaßen lohnend. Viele Kleingärtner meinen, dass allein die Himbeerernte sie für die jährliche Pachtgebühr entschädigt. Einmal gepflanzte Obstgewächse kümmern sich mehr oder weniger selbst und bringen jahrelang Erträge.

4

Obst

◁ Auf dieser Parzelle wurde sogar ein kleiner Weingarten angelegt.

WEICHOBST

Kaufen Sie die Pflanzen in einer guten Gärtnerei und nehmen Sie nach Möglichkeit nur solche mit einem Zertifikat, das sie als virusfrei ausweist. Eine Virose ist die einzig wirkliche Bedrohung für Weichobst. Setzen Sie also neue Pflanzen nie an eine Stelle, an der bereits zuvor Weichobst gestanden hat und bewässern Sie sämtliche Weichobstarten nur an der Basis. Schützen Sie die Pflanzen mit Netzen vor Vogelfraß.

- Gartenerdbeere
- Stachelbeere
- Schwarze Johannisbeere
- Rote und Weiße Johannisbeere
- Himbeere
- Loganbeere und Brombeere
- Heidelbeere

△ Eine Strohunterlage hält die reifenden Früchte sauber und schützt vor Schneckenfraß.

Fragaria x ananassa
Gartenerdbeere
Erdbeeren werden alle drei Jahre erneuert; dafür verwendet man meist bewurzelte Ausläufer von Mutterpflanzen, die dann an einen neuen Standort in frischen Boden gebracht werden. Kaufen Sie zunächst virusfreie Pflanzen und setzen Sie deren Ausläufer im Spätsommer an einer luftigen, sonnigen Stelle im Abstand von 45 cm in nährstoffreichen, feuchten, doch gut durchlässigen Boden. Die Wurzelkrone muss mit der Bodenoberfläche abschließen. Decken Sie den Boden vor dem Bepflanzen mit schwarzer Kunststofffolie ab, die an den vorgesehenen Pflanzstellen kreuzweise eingeschnitten wird, oder legen Sie später Stroh unter, sobald die Fruchtbildung einsetzt, damit die Erdbeeren sauber bleiben und die Schnecken fern gehalten werden. Schützen Sie die Früchte mit Netzen oder Glocken vor Vogelfraß. Schneiden Sie nach der Ernte die alten Blätter ab und kürzen Sie die Pflanzen auf 10 cm. Entfernen Sie die Ausläufer, falls Sie sie nicht für die Vermehrung brauchen. In diesem Fall graben Sie einen mit Erde gefüllten Topf neben der Mutterpflanze ein und drücken einen kräftigen Ausläufer mit einer Drahtklemme hinein. Er bildet Wurzeln und wird dann von der Mutterpflanze getrennt.
Schädlinge und Krankheiten: Schnecken, Vögel, vor allem in feuchten Sommern Grauschimmel.
Gute Sorte: 'Rhapsody'.

Ribes uva-crispa
Stachelbeere
Stachelbeersträucher tragen über zwanzig Jahre lang Früchte. Sie können zwar durch Frost geschädigt werden, doch Hitze macht ihnen nichts aus. Die Gewächse gedeihen auch bei weniger günstigen Bodenverhältnissen, sind nicht anfällig für Virosen und nehmen auch etwas Schatten nicht übel. Sie können als Busch, als Spalierpflanze oder Halbstamm angebaut werden. Halbstämme müssen wegen ihrer schweren Krone gestützt werden. Kaufen Sie zwei- oder dreijährige Pflanzen mit fehlerfreiem 10–15 cm langem Stamm. Gepflanzt wird während der Vegetationsruhe. Geben Sie dem Boden viel gut durchgerottetes organisches Material zu und mulchen Sie ihn. Büsche werden nach der Ernte zu einer

△ Stachelbeeren der Sorte 'Spinefree'.

gleichmäßigen, offenen Kelchform ausgelichtet. Halten Sie den Stamm bis in 10–15 cm Höhe frei, indem Sie dort alle neu erscheinenden Seitentriebe entfernen. Schneiden Sie den Haupttrieb jedes Jahr auf die Hälfte des neuen Wachstums zurück, damit die Pflanze kräftige Seitenäste entwickelt, die die Früchte tragen können. Haben die Pflanzen Fuß gefasst, kürzen Sie diese Äste nach der Ernte um ein Drittel ein.

Schädlinge und Krankheiten: Amerikanischer Stachelbeermehltau.

Gute Sorte: 'Invicta'.

Ribes nigrum

Schwarze Johannisbeere

Die Schwarze Johannisbeere ist langlebig und wächst zu großen Büschen von ca. 1,5–1,8 m Höhe heran. Es gibt allerdings auch Formen von kompakterem Wuchs. Kaufen Sie zweijährige wurzelnackte Pflanzen. Sie mögen einen offenen, sonnigen und geschützten Standort, vertragen jedoch auch etwas Schatten. Setzen Sie die Pflanzen 5 cm tiefer als sie zuvor gestanden haben in tiefgründigen, mit viel Kompost angereicherten Boden, in dem sich die Wurzeln gut ausbreiten können. Pflanzen Sie im Herbst oder während der Vegetationsruhe und schneiden Sie die Triebe fast bodentief zurück. Häufen Sie organisches Material als Mulchdecke auf, damit die Feuchtigkeit im Boden bleibt. Bewässern Sie die Pflanzen in Trockenperioden. Die besten Früchte bilden sich an vorjährigem Holz. Schneiden Sie nach der Ernte alle schwachen oder beschädigten Triebe auf 2,5 cm über dem Boden zurück. Hat der Busch Fuß gefasst, lichten Sie nach dem herbstlichen Laubfall ein Drittel des Holzes aus.

Schädlinge und Krankheiten: Johannisbeergallmilbe, Blattläuse.

Gute Sorte: 'Ben Sarek'.

△ Früchte der Schwarzen Johannisbeere.

◁ Gartenfolie hält Schmutz und Schnecken von den Erdbeeren fern und unterdrückt das Unkraut.

Ribes sativum
Rote und **Weiße Johannisbeere**
Beide Arten tolerieren einen teilweise schattigen Standort und brauchen nicht so nährstoffreichen Boden wie die anderen Weichobstarten. Da sie zeitig blühen, müssen sie geschützt stehen. Rote und Weiße Johannisbeeren werden meist als Büsche kultiviert, können jedoch auch anders erzogen werden. Pflanzen Sie sie während der Vegetationsruhe, vorzugsweise im Herbst, wenn der Boden noch warm ist, und mulchen Sie. Halten Sie den Stamm wie bei der Stachelbeere bis in 10 cm Höhe frei von Seitenzweigen. Schneiden Sie die Pflanzen so aus, dass eine luftige, nach oben breiter werdende Form mit acht oder zehn Ästen entsteht und entfernen Sie alle Schösslinge. Hat die Johannisbeere Fuß gefasst, schneiden Sie nach der Ernte den Neuaustrieb auf etwa fünf Blätter zurück. Da es für Rote und Weiße Johannisbeeren kein Zertifikat über virosefreies Pflanzgut gibt, kaufen Sie die Pflanzen am besten nur in einer guten Gärtnerei.
Schädlinge und Krankheiten: Blattläuse, Rotpustelkrankheit.
Gute Sorten: 'Red Lake' (rot), 'White Grape' (weiß).

△ Weiße Johannisbeere der Sorte 'White Versailles'.

△ Reife Früchte der Roten Johannisbeere.

Rubus idaeus
Himbeere
Himbeeren tragen über zwölf Jahre Früchte, wenn Sie nicht von einem Virus befallen werden. Die Erntesaison kann verlängert werden, wenn Sie sommer- und herbsttragende Sorten anbauen.

- **Sommertragende Sorten** bilden jedes Jahr neue Ruten, die im Folgejahr Früchte tragen, dann absterben und durch neue ersetzt werden. Sie blühen im späten Frühjahr, mögen einen geschützten, sonnigen Standort (vertragen allerdings auch etwas Schatten) und gut durchlässigen, leicht sauren Boden (pH-Wert 6,5–6,7). Pflanzen Sie im Frühherbst oder im Winter. Heben Sie dazu einen spatentiefen Graben aus, geben Sie viel durchgerotteten Stalldung oder Kompost hinein. Bereitet Ihnen die Bodendrainage Sorge, erhöhen Sie das Pflanzbeet. Die Ruten müssen gestützt werden; man setzt sie daher an ein

△ Himbeere.

Spaliergerüst aus Pfosten und Draht. Pflanzen Sie die Ruten 5–7,5 cm tief und breiten Sie die Wurzeln gut aus. Schneiden Sie jede Rute in ca. 30 cm Höhe knapp über einer Knospe ab. Gießen und mulchen Sie den Boden.

Halten Sie den Standort unkrautfrei. Arbeiten Sie beim Hacken oder Jäten vorsichtig, damit die flach unter der Bodenoberfläche liegenden Wurzeln nicht beschädigt werden. Knipsen Sie die Blüten in der ersten Saison ab, damit sich die Pflanze auf die Ausbildung starker Ruten konzentrieren kann. Binden Sie von jeder Pflanze etwa sieben Ruten am Spaliergerüst fest und schneiden Sie die restlichen bis auf den Boden zurück. In Trockenperioden müssen die Pflanzen bewässert werden. Schneiden Sie im zweiten Sommer die Ruten, die Früchte getragen haben, bis auf den Boden zurück. Suchen Sie für die Ernte im Folgejahr sieben der stärksten neuen Ruten aus und befestigen Sie sie am Spaliergerüst.

- **Herbsttragende Sorten** brauchen keine Stütze; sie wachsen und fruchten in einem einzigen Jahr. Pflanzen Sie sie im Frühherbst oder bei günstiger Witterung im Winter und verschneiden Sie sie wie die Sommersorten. Schneiden Sie im Spätwinter alle Triebe bis auf den Boden zurück.

Schädlinge und Krankheiten: Himbeerkäfer, Blattläuse.
Gute Sorten: 'Glenn Moy' (sommerfruchtend), 'Autumn Bliss'.

Rubus loganobaccus, R. fruticosus
Loganbeere und **Brombeere**
Die Früchte der Loganbeere, Brombeere und ihrer Hybriden wie beispielsweise Taybeere, Boysenbeere u. a. wachsen an stacheligen Trieben und reifen nach den frühen Himbeeren. Pflanzen Sie sie in den Wintermonaten im Abstand von 3 m in tiefgründigen, gut vorbereiteten feuchten, leicht sauren Boden (pH-Wert 5,6–6) und schneiden Sie sie bis auf eine Knospe ca. 22 cm über dem Boden zurück. Die Pflanzen mögen Sonne, vertragen aber auch Halbschatten. Sie brauchen kräftige, 3 m hohe Stützen, für die man traditionell ein Spaliergerüst aus Pfosten und Draht aufbaut. Es gibt auch stachellose Sorten, die das Erziehen leichter machen. Binden Sie die sich entwickelnden Triebe an das Spalier, damit sie sich nicht verwirren. Die Pflanzen blühen und fruchten am einjährigen Holz. Als einfache Methode zur Erziehung hat sich bewährt auf der einen Seite Holz der zurückliegenden Saison stehen und auf der anderen die Triebe der neuen Saison wachsen zu lassen. Nach der Ernte schneiden Sie die alten Ruten bis zum Boden zurück und binden die neuen an.
Schädlinge und Krankheiten: Himbeerkäfer, Blattläuse.
Gute Sorten: 'Fantasia' (Brombeere).

Vaccinium corymbosum
Heidelbeere
Die Heidelbeere mag viel Feuchtigkeit und stark sauren Boden. Haben Sie in Ihrem Kleingarten andere Bodenverhältnisse, ziehen Sie die Pflanzen in großen Töpfen in kalkfreiem Kompost und gießen Sie sie nur mit Regenwasser. Bezüglich ihrer Früchte ist die Sorte 'Highbush' die beste. Heidelbeeren müssen von Nachbarpflanzen fremdbestäubt werden. Setzen Sie deshalb zwei unterschiedliche Sorten nebeneinander, die zur gleichen Zeit blühen. Pflanzen Sie während der Vegetationsruhe zwei- oder dreijährige Büsche. Sie brauchen drei bis acht Jahre, ehe sie Früchte tragen, doch dann fällt die Ernte reichlich aus. Schneiden Sie im Winter etwa ein Drittel des alten oder beschädigten Holzes bis zum Boden weg und stutzen Sie die Spitzen, damit die Büsche in Form bleiben.
Schädlinge und Krankheiten: Nur wenige.
Gute Sorten: 'Bluecrop'.

▽ Die Heidelbeere fruchtet reichlich.

OBSTBÄUME

In Kleingartenanlagen ist das Anpflanzen von Obstbäumen mitunter unerwünscht, da die Bäume zu viel Platz beanspruchen und Schatten auf benachbarte Kleingärten werfen können. In vielen Anlagen dürfen jedoch Zwergobstbäume, Kordonbäume und Spalierobstgehölze gepflanzt werden. Die kleinen Obstbäume sind eine gute Ergänzung des Lebensraums für wild lebende Tiere, sie tragen jahrelang Früchte und brauchen nur wenig Fürsorge.

- Auswahl
- Baumschnitt
- Pflanzung von Obstgehölzen
- **PROJEKT** ~ ***Erziehen eines Kordonbaums***

△ Es muss nicht immer ein großer Baum sein. Man kann auch kleine Gehölze auf wuchshemmender Unterlage wie beispielsweise M 27 kaufen, die ebenfalls eine gute Ernte bringen.

Auswahl

Wollen Sie nur einen Baum pflanzen, wählen Sie eine selbstbestäubende Sorte mit der richtigen Veredelungsunterlage. Lassen Sie sich dazu in einer guten Gärtnerei oder Baumschule beraten. Ein Halbstamm hat einen bis zu 1,20 m hohen Stamm; Bäume dieser Größe sieht man oft in Gärten. Sie können auch einen Niederstamm kaufen (M 27 – stark zwergwüchsig, M 9 – etwas größer), der sich in einem großen Topf oder in einem Fass ziehen lässt, oder ein etwas größeres Gehölz (M 26 oder die etwas größere Form M 106), das die richtige Größe für einen Kordon- oder einen Spalierbaum hat.

Baumschnitt

Das Verschneiden ist eine Kunst und eine Fertigkeit, die man über Jahre hinweg verfeinern muss. Denken Sie jedoch daran, dass in der Natur nichts verschnitten wird und die Pflanzen dennoch überleben. Verschnitten und ausgelichtet wird ein Gehölz hauptsächlich, damit abgestorbenes Holz und über Kreuz wachsende Triebe entfernt wird und der Baum gesund bleibt, der Ertrag gesteigert wird und der Baum in der gewünschten Form wächst. In den ersten Jahren kommt es darauf an, ein ausgewogenes Kronengerüst aufzubauen, das Licht und Luft bis in die Mitte gelangen lässt. Achten Sie darauf, dass der Baum eine harmonische Form hat und nur einen starken Haupttrieb besitzt – ein gegabelter Leittrieb belastet den Baum später. Soll der Baum buschiger wachsen, brechen Sie die Endknospe aus, damit das Wachstum der Seitenzweige angeregt wird. Benutzen Sie zum Schneiden nur gut geschliffene und geeignete Werkzeuge und setzen Sie den Schnitt stets knapp über Knoten oder Knospen an, die in die vorgesehene Wuchsrichtung zeigen. Bäume verschneidet man in der Regel während der Vegetationsruhe; der Schnitt regt das Wachstum an. Zwergwüchsig erzogene Formen werden im Sommer verschnitten, damit das Gehölz seine kompakte Form behält.

△ Äpfel in einem Kleingarten.

PFLANZUNG VON OBSTGEHÖLZEN

„Verwende einen Sou für die Pflanze und zwanzig auf das Pflanzen.“ Dieses Sprichwort hat vor allem dann seine Berechtigung, wenn es um einen Baum geht. Haben Sie einen wurzelnackten Jungbaum gekauft, schlagen Sie seine Wurzeln gleich in einen nassen Sack ein, damit sie nicht austrocknen.

1 Heben Sie eine Pflanzgrube von der doppelten Größe des Wurzelballens aus und entfernen Sie alles Unkraut aus dem Boden.

2 Prüfen Sie, ob der Baum in die Pflanzgrube passt. Die Wurzeln müssen genügend Platz haben um sich ausbreiten zu können. Die Veredelungsstelle muss knapp über dem Boden sitzen.

3 Schlagen Sie seitlich einen kurzen Pfahl in den Boden. Füllen Sie die Grube wieder mit dem Mutterboden auf, dem etwas Dung oder Kompost untergemischt ist, und geben Sie obendrein Knochenmehl zu.

4 Schütteln Sie den Baum beim Einpflanzen, damit das Erdreich nachrutscht und keine Luft zwischen den Wurzeln bleibt. Treten Sie den Boden gut fest und bewässern Sie die Pflanzstelle ausgiebig. Ziehen Sie zur Probe am Stamm um festzustellen, ob der Baum fest steht. Binden Sie den Baum am Pfahl fest und setzen Sie einen Abstandhalter zwischen Stamm und Pfahl.

5 Im ersten Jahr und dann so lange, bis die Baumwurzeln im Boden richtig Fuß gefasst haben, muss die Pflanzstelle bei trockenem Wetter reichlich bewässert werden.

• PROJEKT •

Erziehen eines Kordonbaumes

Bäume so zu pflanzen, dass sie keinen Schatten auf den Nachbargarten werfen, empfiehlt sich vor allem in Kleingärten. Kaufen Sie einige zwei- oder dreijährige Obstgehölze, die bereits in Form gebracht sind oder einige einjährige, die Sie selbst erziehen. Halten Sie Ausschau nach Exemplaren mit Seitentrieben und achten Sie darauf, dass sie die richtige Veredelungsunterlage haben, später also nicht zu groß werden. Die beste Pflanzzeit ist der Herbst, doch bei günstigem Wetter ist das Pflanzen auch im Winter möglich. Bäume auf wuchshemmender Unterlage müssen stets gestützt werden. Die einfachste Erziehungsform ist der Kordonbaum.

Material

- **Jungbäume**
- **Stützen**
- **Draht**
- **Bindegurt**
- **Baumschere**

1 Bereiten Sie den Boden gut vor.

2 Pflanzen Sie einen einjährigen Jungbaum, befestigen Sie ihn im Winkel von etwa 45° an einer Stütze und heften Sie ihn an die in mehreren Etagen gespannten Drähte.

3 Entspitzen Sie den Haupttrieb nicht, schneiden Sie aber die (einjährigen) Seitentriebe auf vier Knospen zurück.

4 Entfernen Sie im ersten Jahr alle Blüten. Achten Sie darauf, dass Sie dabei nicht die genau dahinter sitzenden Triebe beschädigen.

5 Schneiden Sie im Spätsommer alle reifen Seitentriebe bis auf drei Blätter zurück; die unreifen Triebe bleiben bis zum Herbst stehen. Lassen Sie alle Triebe stehen, die kürzer als ca. 23 cm sind, denn an deren Spitzen sitzen meist Fruchtknospen.

6 Fahren Sie so fort, bis der Baum die gewünschte Höhe erreicht hat und stutzen Sie dann den Haupttrieb.

Verhilft man Pflanzen zu einem guten Start, entwickeln sie sich zu kräftigen, unverwüstlichen Gewächsen. Denken Sie stets an die Vorlieben der einzelnen Arten und setzen Sie sie in einen Boden, der ihren Bedürfnissen entspricht. Sie müssen ausreichend Licht, Luft, Wasser und ein unkrautfreies Umfeld haben.

5

Kultivierung

◁ Zwiebeln, Kohl, Möhren und Erbsen in einem Kleingarten, der reiche Ernte verspricht. Die Beete in einem solchen Garten müssen regelmäßig bewässert, gedüngt und gejätet werden.

AUSSAAT

Tomaten, Auberginen, Paprika und andere Gemüsearten, die aus wärmeren Ländern stammen, brauchen zum Reifen viel Sonne. In kühleren Gegenden sind die Sommer dafür vielleicht zu kurz. Es ist daher oftmals sicherer gleich Jungpflanzen zu kaufen. Da, wo es die Natur erlaubt, gilt: Es gibt nichts Aufregenderes als Gemüse aus Saatgut zu ziehen.

△ Große Samen wie die der Zuckererbse können einzeln und im richtigen Abstand in Reihen gelegt werden.

Das ständig wachsende Angebot an organischem, d. h. nicht mit chemischen Fungiziden behandeltem Saatgut erleichtert dem Kleingärtner die Wahl; Informationen über die Behandlung des Saatgutes findet man auf den Samentütchen. Achten Sie beim Kauf auf krankheitsresistente Sorten und auf Typen, die nicht zum Schossen neigen. F 1-Hybriden (Kreuzungen aus jeweils zwei reinerbigen Eltern, mit der die besten Eigenschaften beider vereint werden sollen) sind kostspielig, aber zuverlässig. Sie verdrängen allerdings zunehmend viele alte und gute Sorten.

Aussaat im Freiland

Viele Pflanzen können im Freiland ausgesät werden. Die Wurzelgemüsearten z. B. nehmen es übel umgesetzt zu werden. Die Samen winterharter einjähriger Arten und Sorten und auch von Salat, Erbsen sowie Frühlingszwiebeln werden gleich an ihren endgültigen Standort in den Boden gebracht. Sie können Ihre Gemüsekulturen verfrühen, wenn Sie die Beete zwei Wochen vor der Aussaat mit durchsichtiger Kunststofffolie oder Glocken abdecken, damit sich der Boden darunter erwärmt.

Verpflanzen Sie die Sämlinge bei feuchtem Wetter oder abends; lassen Sie dabei möglichst viel Erde aus dem Saatbeet an den Pflanzen,

◁ Kleinere Samen werden dünn in die Saatrille gestreut. Sobald die Sämlinge erscheinen, dünnen Sie sie aus, damit nur die stärksten Pflanzen – im richtigen Abstand – stehen bleiben.

• PROJEKT •

Anlegen eines Saatbeetes

Ein Saatbeet spart Arbeit, da man nur eine relativ kleine Fläche in bester Ordnung halten muss. Es ist für die Anzucht der Jungpflanzen und insbesondere jener Pflanzen nützlich, die eine lange Vegetationszeit haben und für den Anfang nicht viel Platz brauchen. Während sie noch im Saatbeet stehen, kann man die später für sie vorgesehenen Flächen erst einmal mit schneller wachsenden Kulturen bestellen. Porree und Kohl werden häufig zunächst ins Saatbeet gesät und später umgepflanzt.

Material

- **Rechen**
- **kurze Stöcke**
- **Bindfaden**
- **Hacke**
- **Saatgut**
- **Gießkanne mit feiner Brause**
- **Pflanzenetiketten**

1 Bereiten Sie vor der Aussaat das Beet vor, damit die Sämlinge den feinkrümeligen Boden mühelos durchdringen können. Bei schwerem Boden zerkleinern Sie die Erdklumpen zunächst mit dem Rücken des Rechens und rechen dann so lange hin und her, bis die Oberfläche eben ist und keine Klumpen oder Steine mehr vorhanden sind.

2 Spannen Sie zwischen zwei Stöcke Bindfaden und ziehen Sie mit einer Ecke des Hackenblattes an dem Faden entlang flache Saatrillen. Ist der Boden zu trocken, benetzen Sie die Saatrillen mit Wasser.

3 Streuen Sie feines Saatgut möglichst dünn in die Rillen, indem Sie immer nur kleine Prisen zwischen Daumen und Zeigefinger nehmen. Säen Sie nicht tiefer als auf dem Samentütchen angegeben; eine falsche Saattiefe ist die Hauptursache für Misserfolge bei der Aussaat. Große Samen legen Sie am besten einzeln in die Rillen.

4 Bedecken Sie die Samen mit Erde und drücken Sie diese mit dem Rechenrücken an. Haben Sie in Ihrem Kleingarten Tonboden, der auf der Saatrille eine Kruste oder „Haube" bildet, streuen Sie Kompost auf die Samen. Stehen die Sämlinge zu eng, lassen Sie nur die kräftigsten stehen. Benutzen Sie beim Gießen eine feine Brause.

damit deren Wurzeln nicht beschädigt werden. Setzen Sie die Sämlinge in ausreichend große Pflanzlöcher, füllen Sie die Löcher mit Erde auf, drücken Sie diese an und bewässern Sie die Pflanzstelle vorsichtig. Pflanzen Sie Kohlsämlinge etwas tiefer als sie zuvor im Saatbeet gestanden haben.

AUSSAAT IM HAUS

Die Aussaat im Haus – ob in Töpfe oder Schalen auf dem Fensterbrett oder im Treibhaus – hat ihre Vorteile. Sie können die Kulturen verfrühen, indem sie die Samen bereits zu einer Zeit aussäen, da es im Freien noch zu kalt ist, und im Zimmergewächshaus mit der Anzucht empfindlicher Pflanzen wie Tomaten, Melonen, Paprika und Auberginen beginnen, die in den kurzen

▷ Schützen Sie Jungpflanzen mit Glas- oder Kunststoffglocken vor Schädlingen und Witterungsunbilden.

△ Wenn die Sämlinge erscheinen, dünnen Sie die Saatreihen aus, damit die Pflänzchen genug Platz zum Wachsen haben. Lassen Sie nur die kräftigsten übrig; da sie bereits an ihrem endgültigen Standort stehen, muss der Abstand zwischen ihnen entsprechend groß sein.

Sommern kühlerer Gegenden ansonsten vielleicht keine Zeit zum Reifen haben.

1 Zur Aussaat im Haus eignet sich jedes Pflanzgefäß – Kunststoffkästchen, Jogurtbecher oder abgeschnittene Plastikflaschen – sofern es mit einem Drainageloch versehen ist. Styroporblöcke halten die Samen warm und verhelfen ihnen zu einem guten Start. Füllen Sie etwas Kompost in das Aussaatgefäß und drücken Sie ihn an.

2 Säen Sie die Samen sparsam aus. Sieben Sie Kompost darüber oder decken Sie die Samen mit einer Schicht Vermiculit oder Perlit ab (leichtes Tonmineral bzw. Kultursubstrat, das Feuchtigkeit speichert, überschüssiges Wasser aber rasch ablaufen lässt). Halten Sie sich an die Hinweise auf den Saatgutverpackungen.

3 Stellen Sie das Aussaatgefäß in Wasser und lassen Sie den Kompost das Wasser aufsaugen. Gießen Sie das Gefäß nicht von oben, damit die Samen nicht herausgespült werden.

4 Wickeln Sie die Aussaatgefäße in haftende Klarsichtfolie, decken Sie sie mit Glas ab oder stellen Sie sie in ein Zimmergewächshaus. Bis zur Keimung werden die Samen nicht mehr bewässert. Sobald sich die ersten Spitzen zeigen, entfernen Sie die Abdeckung. Stellen Sie die Gefäße an einen hellen, absonnigen Platz. Gießen Sie die Sämlinge mit abgestandenem, zimmerwarmem Wasser, doch übertreiben Sie dabei nicht, damit die Pflänzchen nicht durch zuviel Feuchtigkeit absterben. Stehen sie auf einem Fensterbrett, drehen Sie die Gefäße täglich oder stellen Sie sie in einen Kasten, der mit Licht reflektierender Alufolie ausgekleidet ist.

Gärtnertipp

Hygiene ist bei der Aussaat äußerst wichtig. Verwenden Sie stets frischen Kompost um Erkrankungen der Sämlinge zu vermeiden und arbeiten Sie nur mit sauberen Werkzeugen und Aussaatgefäßen.

▷ Fassen Sie beim Eintopfen der Sämlinge nicht die empfindlichen Stängel an. Heben Sie die Pflänzchen an ihren Keimblättern (den größten, äußeren Blättern) an. Pflanzen Sie die Sämlinge etwas tiefer als sie im Aussaatgefäß gestanden haben und drücken Sie den Kompost rund um die Wurzeln vorsichtig an.

Pikieren

Das Pikieren muss in Ruhe ausgeführt werden. Wenn die Sämlinge groß genug sind, dass man Sie zum Eintopfen anfassen kann, werden sie pikiert. Gießen Sie sie zuvor. Füllen Sie einige Pflanztöpfe mit Kompost und drücken Sie mit dem Pikierholz oder einem Bleistift ein Loch hinein, in das nachher jeweils ein Sämling gesetzt wird. Nehmen Sie die Sämlinge mit Hilfe des Pikierholzes aus dem Aussaatgefäß und setzen Sie sie einzeln und mit den Keimblättern knapp über dem Kompost in die vorbereiteten Töpfe, ohne dabei den empfindlichen Stängel zu berühren. Drücken Sie den Kompost an und gießen Sie die Wurzeln an, ohne die Pflanzen zu benetzen.

Abhärten

Bereiten Sie die jungen Pflänzchen stufenweise auf das Freiland vor. Warten Sie, bis das Wetter angenehm genug ist, bevor Sie sie unter Glocken oder ins unbeheizte Frühbeet setzen. Lassen Sie den Deckel des Frühbeets tagsüber offen und decken Sie die Pflanzen nachts ab. Wird es nachts wieder kalt, bringen Sie die Pflanzen für eine Weile wieder ins Haus. Vermeiden Sie extreme Temperaturwechsel und halten Sie die Pflanzen feucht, aber nicht zu nass. Vor dem Auspflanzen ins Freie müssen sie nochmals bewässert werden, ehe man sie aus dem Topf nimmt. Gießen Sie auch beim Pflanzen, damit alle Luft aus dem Wurzelbereich entweicht.

△ Ein gut bestücktes Treibhaus mit Geranien und Gemüsepflänzchen, die zum Pikieren bereit stehen.

KÄLTESCHUTZ FÜR IHRE PFLANZEN

Ein Treibhaus, unbeheizte Frühbeete, Glocken, Kunststofffolie und Gartenvlies verlängern die Saison und helfen Ihre Kulturen zu verfrühen. Vieles lässt sich dabei mit wiederverwendbaren alten Materialien wie alten Fenstern und Plastikflaschen improvisieren.

- unbeheiztes Glashaus
- unbeheiztes Frühbeet
- Glocken
- andere Methoden
  - Plastikflaschen
  - Folietunnel
  - Gartenvlies
  - Kunststoffplanen

△ Um in einem Glashaus stets die richtige Temperatur zu halten, muss man etwas mit Belüftung, Bewässerung und Schattierung jonglieren.

Unbeheiztes Glashaus

Die meisten Kleingärtner kommen gut mit einem unbeheizten Glashaus und einem Zimmergewächshaus aus, da sie sich in der Regel auf den Anbau während der wärmeren Monate konzentrieren.

Mit einem unbeheizten Glashaus kann man die Gartensaison im Frühjahr zeitiger beginnen und bis über den Herbst hinaus andauern lassen, können widerstandsfähige Gewächse zum Auspflanzen ins Freiland herangezogen werden. Unter Glas sind diese Pflanzen vor Wind und Wetter geschützt und haben so einen reibungsloseren Start. In einem Glashaus ideale Bedingungen zu schaffen, kann allerdings etwas kompliziert sein.

- Glashäuser können tagsüber oftmals glühend heiß und nachts eisig sein. Hier muss mit Lüftung, Bewässerung, Schattierung und feuchter Luft – durch Benetzen der Aufbauten und des Fußbodens und Besprühen der Pflanzen mit feinem Nebel – jongliert werden.
- Eine wichtige Rolle spielt die Luftzirkulation; sie verhindert die Entwicklung von Schädlingen und Krankheiten. Lassen Sie also Tür und Lüftungsfenster offen, soweit es die Witterung erlaubt.
- Bewässern Sie die Pflanzen nicht zu reichlich und benetzen Sie deren Blätter nicht, denn es lauern überall Pilzerkrankungen, die sich auf den nassen Blättern rasch ausbreiten könnten.
- Um Pilzerkrankungen zu vermeiden, säubern Sie das Glashaus am Ende der Saison gründlich.
- Droht kalte Witterung und Sie wollen die Saison im Glashaus noch etwas verlängern, schaffen Sie einen zusätzlichen Kälteschutz, indem Sie die Glasscheiben mit durchsichtiger Noppenfolie isolieren.

Das unbeheizte Frühbeet

Ein unbeheiztes Frühbeet ist zum Abhärten von Pflanzen und zur Anzucht empfindlicher Gewächse von unschätzbarem Wert. Ein solches Frühbeet ist einfach aufzubauen. Es besteht aus

Holz- oder Ziegelwänden und einer Glasabdeckung, die an warmen Tagen aufgeklappt oder abgenommen und nachts wieder geschlossen bzw. aufgelegt wird. Alte Fenster eignen sich für diesen Zweck bestens. Droht frostige Witterung, können Sie mit einer alten Decke oder „Steppdecken“ aus großen schwarzen Müllbeuteln, die zerknülltes Zeitungspapier enthalten, für zusätzlichen Kälteschutz sorgen. Der Schutz für empfindliche Anbaupflanzen wie Melonen und Auberginen lässt sich mit Glasscheiben verbessern, die aufrecht auf der besonnten Seite der Pflanzen oder aneinander gelehnt wie ein spitzes Dach über ihnen stehen.

Glocken

Glocken oder Abdeckhauben sind sehr nützliche Hilfsmittel für den Kleingärtner. Sie werden etwa zwei Wochen vor dem Bepflanzen der Beete zum Anwärmen des Bodens auf die vorgesehenen Pflanzstellen gesetzt; sie schützen die Pflan-

△ Eine überschaubare Anzahl unbeheizter Frühbeete gleich neben dem Glashaus, aus dem die Jungpflanzen zum Abhärten in die Frühbeete kommen.

◁ Ein einfacher Tunnel aus Polyethylenfolie, die über eine Reihe von Drahtbögen gespannt ist. Die Seiten der Foliebahn können an warmen Tagen hochgeschlagen werden.

△ Durch das Öffnen und Schließen der Glasfenster kann die Temperatur im unbeheizten Frühbeet ziemlich gleichmäßig gehalten werden.

▷ Anstelle von Glasglocken oder Abdeckhauben kann man auch Wasserflaschen aus Kunststoff verwenden, wenn man zuvor deren Boden abgeschnitten und die Verschlusskappe abgenommen hat.

zen vor Temperaturstürzen, vor Wind und Schädlingen; sie verlängern die Saison halb winterharter Pflanzen und bieten überwinternden Gewächsen Kälteschutz. Bevor Sie die Glocken wieder entfernen, müssen Sie die Pflanzen akklimatisieren, indem Sie sie über zwei Wochen hinweg langsam zunehmend belüften und so stufenweise abhärten. Beobachten Sie die Pflanzen gut, denn unter den Glocken entwickelt sich ein warmes, feuchtes Kleinklima, das ideal für die Ausbreitung von Pilzerkrankungen ist. Außerdem können die Blätter der Pflanzen durch starke Lichteinstrahlung verbrennen.

Andere Methoden

• **Gartenvlies** aus Polyethylen ist ein leichtes Material, das die Pflanzen nicht niederdrückt, Licht, Luft und Wasser durchlässt und Schädlinge fern hält. Unter seinem Schutz können ganze Kulturen bis zur Erntereife gezüchtet werden. Auch zum Einpacken und Warmhalten empfindlicherer Pflanzen im Winter eignet es sich. Schneiden Sie es mit der Schere auf die gewünschte Größe und

lassen Sie dabei einen großzügigen Rand, der mit Pflöcken, Erde oder Steinen auf dem Boden befestigt wird. Die Abdeckung muss so straff liegen, dass sie nicht flattern kann. Lockern Sie die Ränder mit zunehmender Größe der Pflanzen.

- **Kunststoffflaschen** mit abgeschnittenem Boden und offenem Verschluss für die Belüftung sind – anstelle von Glocken – ein ausgezeichneter Schutz für kleine Pflanzen.
- **Kunststofffolie** wird genauso verwendet wie Gartenvlies. Die Folie muss allerdings mit ausreichend Löchern und Schlitzen für die Belüftung versehen und sorgfältig kontrolliert werden, da sich darunter übermäßig viel Feuchtigkeit ansammeln kann. Sie eignet sich gut zum Anwärmen des Bodens; man legt sie einfach zwei Wochen vorher auf das zu bepflanzende Beet. Verwenden Sie nur durchsichtige Kunststofffolie.
- **Folietunnel** eignen sich zum Abdecken größerer Flächen. Sie lassen sich unabhängig von ihrer Größe einfach aufbauen, indem man Polyethylenfolie oder Gartenvlies über ein Gerüst aus Drahtbögen spannt.

△ Hier wird Gartenvlies zum Schutz junger Kohlpflanzen vor Schädlingen verwendet. Das Material schützt außerdem vor kalter Witterung.

◁ Ein kleiner Folietunnel ist schnell aufgebaut. Man spannt einfach Polyethylenfolie oder Gartenvlies über einige Drahtbögen und vergräbt die Enden fest im Boden, damit sie an Ort und Stelle bleiben.

PFLEGE DES KLEINGARTENS

Der größte Teil der mühevollen Arbeiten im Kleingarten ist im Frühjahr und danach zu erledigen, und ab Sommermitte stehen Pflegearbeiten an.

- Bewässern
  - Düngen
  - Stickstoff
  - Phosphor
  - Kalium
  - Magnesium
  - Eisen
  - Kalzium, Mangan und Schwefel
- Organische Dünger
  - Knochenmehl
  - Blut-, Fisch- und Knochenmehl
  - Blutmehl
  - Trockendung
  - Fischmehl
  - Huf- und Hornmehl
  - Algenmehl
  - Holzasche
- Flüssigdünger
  - Algenextrakt
  - Beinwell
  - Brennnesseln

△ Im Kleingarten geerntete Bohnen, Zwiebeln und Kartoffeln.

Ist die Bepflanzung der Beete für die Saison abgeschlossen, stehen neue Aufgaben an – Bewässern, Jäten, Düngen, Ausputzen, Stützen, Anheften der Kletterpflanzen, Sommerschnitt, Ernte, Schädlings- und Krankheitsbekämpfung. Hier täglich Schritt für Schritt voranzukommen ist produktiver als ein gelegentlicher Großeinsatz.

Bewässern

Bewässern Sie Ihre Pflanzen nach Möglichkeit in der Abendkühle, damit das Wasser nicht verdunstet. Gießen Sie lieber seltener, dafür aber großzügig als häufig und nur sparsam, denn die Wurzeln sollen ja angeregt werden in die Tiefe vorzudringen. Oberflächliches Bewässern lässt die Wurzeln nur flach unter der Bodenoberfläche wachsen, die aber rasch austrocknet. Stecken Sie neben durstige Pflanzen wie Zucchini oder Tomaten ein Rohrstück in den Boden und gießen Sie das Wasser da hinein, damit es direkt an die Wurzeln gelangt. Weichen Sie den Boden beim Bepflanzen richtig ein (oder warten Sie auf einen kräftigen Regen) und legen Sie dann eine dicke Mulchdecke auf, die bis knapp an die Pflanzen heranreicht. Geben Sie Pflanzen im Zimmergewächshaus oder im Treibhaus nicht zu viel Wasser, denn das kann zur Erkrankung der Pflanzen führen.

Düngen

Haben Sie in Ihrem Kleingarten sehr fruchtbaren Boden, brauchen Sie nicht viel zu düngen, können Ihren Pflanzen aber gelegentlich einen kleinen Anschub geben. Das gilt vor allem für Starkzehrer wie Tomaten oder für Überwinterer. Die genaue Menge und die Art des Düngers hängen von den Pflanzen und davon ab, ob sie Frucht- und Blütenbildung oder das Blattwachstum fördern wollen. Die wichtigsten Elemente für die Entwicklung der Pflanzen sind Stickstoff, Phosphor und Kalium (auf Düngemittelver-

Gärtnertipp

Das beste Mittel gegen die Unkrautplage ist Mulchen, doch die einjährigen Unkräuter sollten auch immer wieder mit der Hacke oder von Hand entfernt werden. Ziehen Sie schon die jungen Unkrautpflanzen aus dem Boden, damit sie Ihren Nutzpflanzen weder Nährstoffe, noch Licht und Wasser streitig machen können.

Lassen Sie an ein paar Stellen einige ausgewählte Unkräuter stehen – Brennnesseln, Hopfenklee, Löwenzahn und Leimkraut (Silene dioica) *für die Schmetterlinge, wilden Mohn, Vogelmiere und Karde für die Vögel, Gemeines Kreuzkraut und Leinkraut für Bienen und Schmetterlinge und Weißen Gänsefuß für die Schwebfliegen.*

◁ Lassen Sie in einigen Ecken für die nützlichen Insekten Wildblumen stehen und säen Sie Korbblütler wie verschiedene *Chrysanthemum*-Arten, Sonnenblumen oder Ringelblumen, um die Nützlinge anzulocken.

packungen als NPK bezeichnet). Für gute Erträge sind außerdem Kalzium, Schwefel, Magnesium und Spurenelemente wie Mangan und Eisen nötig, die die anderen lebenswichtigen Substanzen – Sauerstoff, Kohlenstoff und Wasserstoff – aus Luft, Sonnenlicht und Wasser holen.

▽ Das Bewässern ist vor allem in den warmen Sommermonaten wichtig. Gießen Sie Ihre Pflanzen in der Abendkühle, damit die Feuchtigkeit nicht verdunstet und die Pflanzen nicht verbrennen.

• **Stickstoff** regt das Blattwachstum an und verleiht den Pflanzen ihre grüne Farbe. Stickstoffmangel lässt die Pflanzen kümmern und deren Laub bleich aussehen. Zu viel Stickstoff fördert ein üppiges Wachstum; die saftigen Triebe ziehen Schädlinge an und fallen beim ersten Anzeichen von Frost zusammen.
• **Phosphor** fördert das gesunde Wachstum der ganzen Pflanze, vor allem der Wurzeln. Er wird nur in geringen Mengen benötigt. Kümmerwuchs und violette oder rote Verfärbungen, die zuerst an den älteren Blättern erscheinen, zeigen Phosphormangel an.
• **Kalium** beeinflusst die Größe und Qualität der Blüten und Früchte. Kaliummangel ist an zu kleinen Früchten und Blüten sowie am Gelb- oder Braunwerden der Blätter zu erkennen.
• **Magnesium** bildet Chlorophyll, das Blattgrün der Pflanzen. Magnesiummangel ist meist ein Anzeichen dafür, dass dem Boden organisches Material fehlt. Er verursacht Chlorose (Bleichsucht), die an einem zwischen den Adern beginnenden Vergilben der Blätter sichtbar wird.
• **Eisen** spielt fast die gleiche Rolle wie Magnesium, wird jedoch nur in geringen Mengen benötigt. Eisenmangel tritt häufiger in basischen Böden auf.
• **Kalzium, Mangan und Schwefel** sind in der Regel reichlich vorhanden, wenn dem Boden gut durchgerottetes organisches Material zugegeben wurde.

▷ Russischer Beinwell ergibt einen ausgezeichneten Flüssigdünger, strömt beim Verrotten allerdings einen unangenehmen Geruch aus.

Organische Dünger

• **Knochenmehl** enthält viel Phosphor für das Wurzelwachstum und verhilft deshalb neu gepflanzten Sträuchern und Bäumen zu einem guten Start.
• **Blut-, Fisch- und Knochenmehl** ist ein ausgewogener NPK-Dünger.
• Blutmehl ist stickstoffreich und wird den Pflanzen als rasch wirkendes Kräftigungsmittel verabreicht.
• **Trockendung** enthält sämtliche Spurenelemente, aber wenig NPK.
• **Fischmehl** enthält Stickstoff und Phosphat.
• **Huf- und Hornmehl** ist reich an Stickstoff und wirkt als Langzeitdünger. Düngen Sie den Boden damit mindestens eine Woche vor dem Bepflanzen.
• **Algenmehl** ist ein vielseitiges Kräftigungsmittel, das alle Spurenelemente enthält und langfristig wirkt.
• **Holzasche** ist reich an Kalium und enthält etwas Phosphat. Die Anteile sind abhängig von der Art des verbrannten Holzes.

Flüssigdünger

• **Algenextrakt** ist ein gutes Kräftigungsmittel, das die Pflanzen mit allen Spurenelementen versorgt. Sie können Flüssigdünger allerdings auch selbst aus Beinwell, Brennnesseln, Schaf-, Rinder- Pferde- oder Ziegenmist herstellen. Füllen Sie einfach einen Sack mit organischem Material, binden Sie ihn zu und lassen Sie ihn einige Wochen in Wasser liegen, damit sich der Inhalt voll saugt.
• **Beinwell** ist ein ausgezeichneter vielseitiger Dünger. Werfen Sie die Beinwellblätter als Rottebeschleuniger auf den Kompost, in eine Kartoffelfurche oder als Mulch rund um Ihre Ertragspflanzen. Es ist nicht ratsam Beinwell auf Kreideböden stehen zu lassen. Seine langen Wurzeln nehmen das Kalium aus dem Unterboden auf. Wegen der tief reichenden Wurzeln ist es nahezu unmöglich einmal existierende Pflanzen wieder loszuwerden. Säen Sie den Beinwell daher an einen Platz, an dem er zwanzig oder mehr Jahre stehen kann oder überreden Sie den Vereinsvorstand auf einem Stück Gemeinschaftsfläche Beinwell wachsen zu lassen. Zu empfehlen ist der Russische Beinwell *(Symphytum* x *uplandicum* 'Bocking No. 14'*)*, der sich im Unterschied zu anderen Sorten nicht ausbreitet. Da Russischer Beinwell nur selten Samen bildet, beschaffen Sie sich am besten einige Wurzelschnittlinge. Die beste Pflanzzeit ist das Frühjahr oder der Frühherbst, doch mit Aus-

△ Nutzgärten auf Madeira. Die Terrassierung des Bodens verhindert die Erosion bei feuchter Witterung und erweist sich bei der Bewässerung als hilfreich.

nahme der Ruhezeit im tiefsten Winter eignet sich auch jede andere Zeit. Arbeiten Sie etwas gut verrotteten Kompost in den Boden ein, entfernen Sie alle Unkräuter und setzen Sie die Wurzelschnittlinge im Abstand von 60 – 90 cm nur so tief in den Boden, dass der Vegetationspunkt knapp unter die Oberfläche liegt.

Ernten Sie die Pflanzen im ersten Jahr nicht ab. Entfernen Sie nur die Blütenstängel und schonen Sie sie auch im zweiten Jahr noch, wenn die Pflanzen kräftiger werden. Danach kann Beinwell drei- oder viermal im Jahr mit der Schere zurückgeschnitten werden, wenn die Blätter ca. 60 cm hoch stehen.

Lassen Sie den Beinwell nicht blühen; das würde die Pflanze schwächen. Aus den Blättern kann ein Konzentrat hergestellt werden, wenn man sie in einem Behälter mit einem Loch im Boden, unter dem ein Auffanggefäß steht, verrotten lässt. Verdünnen Sie das Konzentrat mit Wasser im Verhältnis 1:15. Der einzige Nachteil des Beinwells ist der unangenehme Geruch, der beim Verrotten der Blätter entsteht.

• **Brennnesseln** ergeben ein gutes allgemeines Kräftigungsmittel für Pflanzen, das allerdings weniger Phosphat enthält. Brennnesseln eignen sich wie Beinwell nicht für basische Böden. Im Frühjahr geschnittene Pflanzen sind am nährstoffreichsten.

◁ Die bescheidene Brennnessel lockt wild lebende Tiere an und lässt sich zu einem sehr nährstoffreichen Flüssigdünger verarbeiten.

In einem organisch bewirtschafteten Kleingarten muss man sich ein bisschen an das Prinzip vom gegenseitigen Geben und Nehmen halten. Sie brauchen hier und da ein paar Wanzen, von denen sich die nützlichen Räuber ernähren können. Streben Sie ein nutzbringendes Gleichgewicht an. Haben Sie einen guten Artenquerschnitt robuster Pflanzen und fördern Sie die Anwesenheit wild lebender Tiere, haben Sie beim Gärtnern gute Karten.

6

Schädlinge und Krankheiten

◁ Gartenblumen wie Goldmohn und Ringelblumen locken nützliche Insekten an, die unerwünschte Schaderreger vertilgen.

DEN FEIND KENNEN

Kommen Sie den Schädlingen mit Netzen, Fallen und Anbaufolge zuvor und locken Sie sie durch geschickte Kombination von Pflanzen auf eine falsche Fährte. Lassen Sie die Pflanzen rasch heranwachsen, damit die Schädlinge möglichst wenig Gelegenheit haben sich zu entwickeln. Beobachten Sie Ihren Kleingarten aufmerksam und ersticken Sie die Probleme bereits im Keim.

- Freund oder Feind?
- Schädlinge
- Krankheiten
- Nützliche Räuber

△ Speiserüben müssen mit sehr feinmaschigen Netzen vor den Angriffen der winzigen Erdflöhe geschützt werden.

Freund oder Feind?

Lernen Sie Freund und Feind unterscheiden. Tiere, die sich rasch bewegen sind meistens auf der Jagd nach Beute; die langsamen hingegen sind an Ihren Pflanzen interessiert. Das ist jedoch nicht immer so, denn dann könnte man auch eine Marienkäferlarve beispielsweise für einen Feind halten. Manche Tiere sind in einem Entwicklungsstadium Schädlinge, in einem anderen Nützlinge. Wespen zum Beispiel unterdrücken Schaderreger, können aber auch das Obst in Ihrem Garten ruinieren.

Schädlinge

Manche Schädlinge sind so groß, dass man sie mit bloßem Auge wahrnimmt; viele andere sind so klein, dass man sie nicht sieht oder tun sich nur nachts an Ihren Pflanzen gütlich. Hier müssen Sie mit detektivischem Spürsinn anhand der Schäden auf die Art der Schädlinge schließen können.

- Löcher in den Blättern deuten auf Fraßschäden durch Nackt- oder Gehäuseschnecken oder Raupen hin.
- Bei angefressenen Wurzeln sind vielleicht im Boden lebende Larven am Werk gewesen.
- Kräuseln sich die Blätter, sitzen höchstwahrscheinlich Blattläuse an deren Unterseite und saugen Pflanzensaft.
- Finden Sie eines Morgens Ihre Gemüsepflanzen geköpft vor, könnte das das Werk von Erdraupen gewesen sein.
- Verschwinden neu gepflanzte Setzlinge spurlos vom Beet, sind Mäuse die Schuldigen.

Krankheiten

Krankheiten werden durch Pilze, Viren und Bakterien hervorgerufen. Symptome sind Fleckenbildung und das teilweise Absterben der Blätter an diesen Stellen, Krebsgeschwülste oder Schorf, Farbveränderungen (Gelb- oder Silbrigwerden), Welken, Nassfäule und puderartiger oder flaumiger Schimmel oder Mehltau. Viren im Garten zu

◁ Florfliegen (die grün, braun oder schwarz sein können) und ihre Larven können ganze Blattlauskolonien vernichten.

▽ Marienkäfer erledigen vom Larvenstadium an bis an ihr Lebensende tausende Blattläuse und andere kleine Insekten.

Nützliche Räuber

- Marienkäfer, Schwebfliegen und Florfliegen vernichten mit erstaunlicher Geschwindigkeit Blattläuse, Milben, Schildläuse, Schmierläuse und kleine Raupen.
- Laufkäfer vertilgen Nacktschnecken, im Boden lebende Larven und Wurzelläuse.
- Schlupfwespen fressen Raupen.
- Hundertfüßer vertilgen Nackt- und Gehäuseschnecken.
- Ohrwürmer ernähren sich u. a. von Raupen, Blattläusen und den Eiern des Apfelwicklers.
- Frösche, Kröten, Igel, Wassermolche und Blindschleichen vernichten Schnecken und viele andere Schädlinge.
- Vögel und Fledermäuse vertilgen eine Vielzahl von Schädlingen.

haben ist eine schlechte Nachricht, denn gegen diese Erreger gibt es kein Mittel. Die Symptome von Virosen sind Missbildungen und unnatürliche Muster auf den Blättern (Scheckung oder Mosaik). Sie beginnen an einer Stelle und verbreiten sich durch alles, was sich von Pflanze zu Pflanze bewegt – auch durch Sie selbst. Bekommen Sie Pflanzen geschenkt, achten Sie auf eventuelle Erkrankungen der Gewächse. Im Zweifelsfall sollten Sie die Pflanzen eine Zeit lang isolieren.

Kaufen Sie möglichst krankheitsresistente Sorten oder mit einem Zertifikat als virusfrei ausgewiesene Pflanzen. Sobald Sie erkrankte Gewächse entdecken, entfernen Sie sie; geben Sie Acht, dass Sie dabei nicht noch die Sporen umherstreuen. Verbrennen Sie das Pflanzenmaterial oder bringen Sie es in einem Müllbeutel aus der Gartenanlage weg und waschen Sie sich danach die Hände. Um die Infektion weiterer Pflanzen zu vermeiden, sollten Werkzeuge und Pflanztöpfe gesäubert und mit Alkohol desinfiziert werden.

◁ Ein kleiner wassergefüllter „Wallgraben“ aus einer alten Dachrinne ist ein wirksames Hindernis für Nackt- und Gehäuseschnecken.

BEKÄMPFUNG VON SCHÄDLINGEN UND KRANKHEITEN

Ausgerüstet mit einigen Kenntnissen über beliebte Angriffsziele bestimmter Schädlinge über deren Lebensweise, Fortpflanzungsverhalten, Größe, Angriffsmethode usw. dürfte es Ihnen nicht schwer fallen, die Schaderreger mit einfachen Mitteln zu überlisten.

△ Eine niedrige Barriere aus Vlies schützt das Möhrenbeet wirksam vor Möhrenfliegen, da diese Insekten dicht über dem Boden fliegen.

- Hindernisse
  - Glocken
  - Kragen
  - Leimringe
  - Netze
- Fallen
  - Schmierfettfallen
  - Pheromonfallen
  - Leimringe
- Mischkultur

Schädlinge können durch Hindernisse abgehalten, in Fallen gefangen, durch Düfte verwirrt oder – als letzter Ausweg – mit organischen Sprühmitteln vernichtet werden. Letztere sind nicht so langzeitwirksam wie synthetische Mittel, d. h. es ist weniger wahrscheinlich, dass organische Sprühmittel in die Nahrungskette oder in die Gewässer gelangen. Sie richten damit weniger Schaden in der Umwelt an.

◁ Zum Fernhalten von Schnecken, Kohlfliegen und anderen am Boden lebenden Schädlingen können aus einem alten Teppich mit geschäumter Unterseite oder aus wasserdichtem Unterlegmaterial Kragen ausgeschnitten und um die Pflanzenstängel herum gelegt werden.

Hindernisse

- **Glocken** halten Schnecken sowie Vögel und fliegende Insekten von den Pflanzen fern.
- **Kragen** aus wasserdichtem Unterlegmaterial rund um die Pflanzen halten Kohlfliegen und am Boden lebende Lebewesen fern, von denen viele ihre Eier unter den Pflanzen ablegen, damit die heranwachsenden Larven später ausreichend Futter in Reichweite haben.
- **Leimringe** an Baumstämmen und Sträuchern halten kriechende Insekten fest. Sie sind in unterschiedlichen Ausführungen erhältlich.

• **Netze** müssen gespannt werden, bevor die Schädlinge auftauchen. Die Maschenweite muss der Größe der Schädlinge angemessen sein. Für sehr kleine Tiere verwenden Sie am besten Gartenvlies.

Fallen

• **Schmierfettfallen** aus Wagenschmiere, die man auf ein Brett aufstreicht, halten ein paar Insekten fest, wenn man ein solches Brett unter eine Pflanze legt und diese schüttelt.
• **Pheromonfallen** ziehen mit einem Sexuallockstoff verschiedene Mottenarten an.
• **Leimringe** sind im Gartenfachhandel erhältlich. Sie lassen sich wirksam gegen Motten einsetzen, die Äpfel, Birnen und Pflaumen angreifen. In den Boden eingelassene Büchsen mit verdünntem Bier locken Schnecken an, die in der Flüssigkeit ertrinken.

Mischkulturen

Ringelblumen *(Calendula)* und Kapuzinerkresse *(Tropaeolum)* kaschieren den Geruch von Kohlpflanzen und schützen diese so vor dem Kohlweißling. Vier Reihen Zwiebeln um eine Reihe Möhren halten die Möhrenfliege fern, bis das Zwiebellaub welkt. Versuche mit Buschbohnen, Dicken Bohnen oder Gartenbohnen, die reihenweise im Wechsel mit Kohlsorten der gleichen Größe gepflanzt wurden, haben ein Nachlassen des Blattläusebefalls gezeigt. Bei dieser Methode müssen in der äußeren Reihe Bohnen stehen. Die Schädlinge werden jedoch auch mit Hindernissen erfolgreich fern gehalten.

◁ Summendes Nylonband verscheucht Vögel. An Fäden aufgehängte alte CDs erfüllen den gleichen Zweck, wenn sie im Sonnenlicht blitzen.

▽ Zwischen Zucchinipflanzen stehender Natternkopf *(Echium)* lockt Nützlinge und Pollen übertragende Insekten an.

ORGANISCHE PESTIZIDE UND FUNGIZIDE

Organische Chemikalien sollten mit der gleichen Vorsicht und Sorgfalt wie die entsprechenden synthetischen Mittel und nur als letzte Möglichkeit angewendet werden. Überzeugen Sie sich davon, dass Sie das Problem richtig identifiziert haben und bekämpfen Sie es gezielt. Der hauptsächliche Vorteil organischer Chemikalien gegenüber anorganischen Mitteln liegt darin, dass sie keine Langzeitwirkung haben; in den meisten Fällen wirken sie nicht länger als einen Tag. Versuchen Sie nicht eigene Pestizide herzustellen.

△ Müssen Sie wirklich Sprühmittel anwenden, setzen Sie sie nur an windstillen Abenden und ganz gezielt ein.

▷ Der starke Zwiebelgeruch verwirrt die Möhrenfliege und andere Schädlinge und schreckt sie ab.

Bacillus Thuringiensis (Bt) ist die Bezeichnung für ein Bakterium, das eine Raupenkrankheit hervorruft. Das Präparat enthält Sporen und Proteinkristalle, mit denen Kohl und andere Pflanzen zum Schutz vor Kohleulen- und anderen Raupen besprüht werden können. **Achtung:** Das Mittel tötet nicht nur Schädlinge, sondern auch eine Vielzahl anderer Raupen.

Derrispräparat (Rotenol) gibt es als Puder sowie als Emulsion und wird aus den Wurzeln der Derris-Pflanze hergestellt. Es handelt sich um ein wirksames Insektizid, das gegen Blattläuse, Spinnmilben und andere Kleininsekten eingesetzt wird, das allerdings giftig für Marienkäfer und Würmer ist. **Achtung:** Tragen Sie bei der Anwendung des Mittels Handschuhe und Schutzkleidung.

Insektizidseife ist eine Kaliseife, die zur Bekämpfung von Blattläusen, der Weißen Fliege, der Roten Spinnmilbe und von Schmierläusen angewendet wird. Sie wirkt nur einen Tag lang und auch nur bei direktem Kontakt mit den Schädlingen. **Achtung:** Nützlinge werden bei direktem Kontakt mit dem Sprühmittel getötet.

Kupferfungizid ist ein hochwirksames Mittel gegen Pilzerkrankungen, das die Blätter über mehrere Wochen hinweg mit einer Schutzschicht überzieht. Man erhält es in unterschiedlichen Mischungen, darunter auch als Bordeauxbrühe, die aus Kupfersulfat und Löschkalk besteht oder als Burgunder Brühe, in der Kupfersulfat mit Waschsoda gemischt ist. **Achtung:** Das Mittel wirkt auf Fische giftig und kann Pflanzen schädigen.

Pyrethrum wird aus *Chrysanthemum coccineum* gewonnen und als Insektizid gegen Blattläuse, kleine Raupen, Erdflöhe u. a. eingesetzt. **Achtung:** Das Mittel ist Gift für Fische und einige nützliche Insekten.

Schmierseife ist ein mildes Pestizid, dient jedoch meist als Medium oder Benetzungsmittel, das die Haftfähigkeit von Sprühmitteln an den Blättern verbessert.

Schwefel ist ein weiteres Fungizid, das als Sprüh- oder als Stäubemittel erhältlich ist und zur Bekämpfung von Mehltau angewendet wird. **Achtung:** Das Mittel schädigt nützliche Insekten.

Goldene Regeln für das Anwenden von Sprühmitteln

- Halten Sie sich genau an die Anweisungen des Herstellers.
- Bewahren Sie Sprühmittel außerhalb der Reichweite von Kindern und in den etikettierten Originalbehältnissen auf.
- Säubern Sie Ihre Arbeitsgeräte nach der Anwendung eines Sprühmittels gründlich, nachdem Sie alle Überreste entsorgt haben.
- Besprühen Sie aus Angst vor Bienen niemals offene Blüten.
- Sprühen Sie nur an windstillen Abenden, wenn sich die nützlichen Insekten bereits zur Nachtruhe zurückgezogen haben.

HÄUFIG AUFTRETENDE SCHÄDLINGE UND KRANKHEITEN

Blattfleckenkrankheit ist eine allgemeine Bezeichnung für eine Reihe von Pilzerkrankungen, die Flecken auf den Blättern entstehen lassen; die Schwarzfleckenkrankheit beispielsweise tritt häufig auf. Die Flecken sind abgestorbenes Pflanzengewebe; breiten sie sich aus, fallen die Blätter ab.
• Entfernen und verbrennen Sie die befallenen Blätter.
• Überzeugen Sie sich, dass die Pflanzen rundum ausreichend belüftet sind.
• Behandeln Sie die Pflanzen mit einem Kupferfungizid.

Blattfleckenkrankheit des Selleries wird durch einen Pilz verursacht und breitet sich bei Feuchtigkeit rasch aus. Entfernen und verbrennen Sie die Pflanzen.
• Verwenden Sie nur resistentes Saatgut und bauen Sie Sellerie im Fruchtwechselsystem an.
• Behandeln Sie die Pflanzen mit einem Kupferfungizid.

Blattläuse Von diesem sehr häufig auftretenden Schädling gibt es hunderte unterschiedlicher Arten, darunter die grüne Blattlaus, die Schwarze Bohnenlaus, die Mehlige Kohlblattlaus und die Salatwurzellaus, die sich rasch vermehren. Blattläuse saugen Pflanzensaft und scheiden Honigtau aus, der ein guter Nährboden für den harmlosen Russtaupilz ist. Sie gehen von Pflanze zu Pflanze und übertragen dabei Krankheiten.
• Schaffen Sie günstige Bedingungen für Schwebfliegen, Florfliegen und Marienkäfer (siehe Kap. 5, S. 77). Sie sind natürliche Feinde dieser Pflanzsauger.
• Pflanzen Sie resistente Sorten an.
• Kommen Sie bei Dicken Bohnen der Schwarzen Bohnenlaus mit einer zeitigen Kultur unter Glas zuvor. Werden die Pflanzen dennoch befallen, schneiden Sie die Spitzen ab, wo sich die Schädlinge sammeln.
• Decken Sie die Beete mit Gartenvlies ab, sobald die Pflanzen bestäubt sind.
• Zerdrücken Sie die Insekten oder schneiden Sie die befallenen Triebe ab und werfen Sie sie in Seifenwasser.
• Spülen Sie die Blattläuse mit kräftigem Wasserstrahl ab.
• Besprühen Sie die Pflanzen mit Schmierseifenlösung oder mit einer Insektizidseife.

Blattrandkäfer sind bei Erbsen und Dicken Bohnen am Werk, wenn die Blätter der Pflanzen U-förmig angefressen sind. Die winzigen grauen Käfer stellen meist nur für Jungpflanzen eine Gefahr dar.
• Schützen Sie die Jungpflanzen mit Glocken oder Abdeckhauben.
• Bestäuben Sie stark befallene Pflanzen mit Derris-Puder.

Botrytis siehe Grauschimmel.

Drahtwürmer sind orangefarbene Larven von Schnellkäfern, die im Boden leben und sich in Möhren und Kartoffeln hineinbohren. Sie treten häufig auf Grasland auf. Wenn Sie Ihren Kleingarten sorgfältig kultivieren und am Ende nur wenig Grasfläche übrig bleibt, werden auch die Drahtwürmer immer weniger.
• Stellen Sie den Würmern eine Falle, indem Sie etwas Weizen säen oder auf Stöcke gesteckt Möhren, einen Kohlkopf oder eine Kartoffel vergraben, die die Schädlinge von Ihren Kulturen weglocken. Der Köder kann dann ausgegraben und vernichtet werden.
• Halten Sie den Boden unkrautfrei.
• Wenn Sie den Boden im Winter umgraben, können die Vögel die Larven vertilgen.

Erbsenwickler legen ihre Eier in die Blüten, damit die winzigen schwarzköpfigen Raupen später im Innern der Schoten schlüpfen können.
• Mit einer ausreichend frühen oder späten Aussaat verhindern Sie, dass die Pflanzen gerade zur Zeit der Eiablage blühen.
• Decken Sie blühende Erbsenpflanzen mit feinmaschigen Netzen ab.
• Graben Sie den Boden im Winter um, damit die Vögel die Schädlinge vernichten können.
• Behandeln Sie die Pflanzen bei schwerem Befall nach der Blüte und zwei Wochen darauf nochmals mit Derris-Emulsion.

Erdflöhe bewegen sich springend. Die kleinen glänzenden Schädlinge erscheinen im Frühjahr. Auf der Suche nach Nahrung legen sie fliegend große Entfernungen zurück. Sie bevorzugen junge Kohlpflanzen, in deren Laub und Stängeln sie Löcher fressen.
• Beugen Sie den Angriffen vor, indem Sie die jungen Pflanzen mit Glocken oder Vlies abdecken.
• Ist Ihr Garten von Erdflöhen befallen, legen Sie mit Wagenschmiere oder langsam trocknendem Leim bestrichene Bretter unter die Pflanzen und schütteln Sie diese, damit die Schädlinge auf die klebrige Fläche fallen.
• Halten Sie den Boden rund um die gefährdeten Pflanzen frei von Unkraut und Abfällen.
• Wenden Sie Derris-Puder (Rotenol-Staub) an.

△ Raupe des Großen Kohlweißlings.

Erdraupen können bei einer Vielzahl von Obst- und Gemüsearten die Stängel ganz und gar durchfressen. Erdraupen sind die Larven bestimmter Eulenschmetterlinge. Sie legen im Sommer rund um die Pflanzenstängel tausende Eier. Die Raupen, die in unterschiedlichen Braun-, Gelb- und Grüntönen vorkommen, ernähren sich zunächst von den Blättern und lassen sich dann auf den Boden fallen um dort noch größeren Schaden anzurichten. Zu finden sind die Schädlinge unter der Bodenoberfläche.
• Entfernen Sie das Unkraut, denn dort legen die Eulenschmetterlinge ihre Eier ab.
• Legen sie um die Pflanzenstängel Kragen aus altem Fußbodenbelag.
• Graben Sie den Boden im Winter um, damit die Vögel die Eier finden.

Fettfleckenkrankheit oder Bohne wird von Bakterien hervorgerufen, die an den Pflanzen von Bohnen und anderen Hülsenfrüchten inmitten eines blassen „Hofes" Flecke entstehen lassen. Die Krankheit greift auch auf die Samenkerne über.
• Säen Sie nochmals neu aus und verwenden Sie dabei Saatgut anderer Herkunft.

Gehäuseschnecken stellen den Gärtner vor die gleichen Probleme wie Nacktschnecken. Zur Bekämpfung eignen sich die bereits genannten Methoden mit Ausnahme der Frösche, die keine Gehäuseschnecken fressen.

Grauschimmel ist eine häufig auftretende Erkrankung, die vor allem in feuchten Sommern Knospen, Blätter und Blüten faulen lässt. Gerät der flaumige Schimmelbelag in Bewegung, setzt er Wolken von Sporen frei, die alles rundum infizieren.
• Vermeiden Sie eine zu große Pflanzendichte, räumen Sie alles verrottende Material rund um die Pflanzen weg, da sich darin der Schimmelpilz versteckt, und verbessern Sie die Luftzirkulation.
• Entfernen Sie möglichst rasch alle erkrankten Pflanzen.

Himbeerkäfer ernähren sich von den Blüten der Himbeere, ihre Larven bohren sich in die Früchte hinein.
• Halten Sie den Boden rund um die Himbeerruten unkrautfrei und lockern Sie ihn, damit die Vögel die überwinternden Puppen finden.
• Behandeln Sie die Pflanzen mit Derris-Präparat.

Johannisbeergallmilbe vermehren sich in Blütenknospen. Die Knospen schwellen stark an (Knospenmilbengalle) und treiben nicht aus.
• Kaufen Sie nur einwandfreies Pflanzgut.
• Entfernen und verbrennen Sie alle befallenen Knospen.
• Schneiden Sie den Strauch bei sehr starkem Befall bis auf den Boden zurück und lassen Sie ihn im nächsten Jahr neu austreiben.

Kartoffelschorf ist eine Pilzerkrankung, die meist bei feuchter Witterung in schweren Böden auftritt. An den Knollen entstehen runde schorfige Stellen, die aufplatzen und Sporen freisetzen können.
• Vernichten Sie die Kultur und beginnen Sie in frischem Boden. Legen Sie eventuell erhöhte Beete an.

Kohleule Die Raupen fressen die Kohl- und Blumenkohlblätter an. Sie sind an der grünen Unterseite und der grauen Oberseite zu erkennen. Sammeln Sie die Raupen ab oder decken Sie Ihre Pflanzen mit Netzen ab, wenden Sie *Bacillus thuringiensis*, Pyrethrum oder Derris-Präparat als Spray oder Puder an.

Kohlfliegen bohren sich in die Wurzeln aller Kohlarten ein und überwintern im Boden.
• Legen Sie um die Pflanzenstängel Kragen aus altem Teppichmaterial und decken Sie die Pflanzen mit Vlies ab.
• Graben Sie den Boden von Spätherbst bis Winter um, damit die Vögel die Larven wegpicken.

Kohlhernie ist eine arge und weit verbreitete Krankheit, die alle Kohlarten, darunter Brokkoli, Rosenkohl, Grünkohl, Kohlrabi, Kohlrübe und Speiserübe, befällt. Der Erreger kann im Boden zwanzig Jahre lang überdauern und kann kaum vernichtet werden. Die ersten Anzeichen der Kohlhernie sind kränkelnde Pflanzen. Die Wurzeln weisen unförmige Schwellungen auf. Die Krankheit entwickelt sich in sauren, feuchten Böden besonders gut und verbreitet sich leicht durch Werkzeuge, Schuhwerk und Kompost.
• Schaffen Sie beste Kulturbedingungen und pflanzen Sie Kohl in fruchtbaren, gut durchlässigen Boden.
• Ist Ihr Boden sauer, geben Sie nach Möglichkeit schon ein Jahr vor dem Bepflanzen mit Kohl Kalk zu.
• Halten Sie sich an das Prinzip des Wechselanbaus. Ist der Boden bereits verseucht, lassen Sie so viele Jahre wie möglich keine Kohlart an dieser Stelle wachsen.
• Säen Sie auch keinen Senf als Gründünger aus, denn Senf ist ebenfalls anfällig gegen Kohlhernie.
• Stärken Sie die Widerstandskraft der Pflanzen, indem Sie sie vor dem Auspflanzen in keimfreiem Kompost in Töpfen vorziehen. Entfernen Sie alle befallenen Pflanzen und vernichten Sie sie.
• Achten Sie gut darauf, dass Sie den Krankheitserreger nicht an Werkzeugen oder Schuhen verbreiten.
• Kaufen Sie resistente Sorten.

Kohlweissling Die Raupen des Großen Kohlweißlings sind behaart und gelbschwarz gezeichnet. Sie ernähren sich von Kohlblättern.
• Pflücken Sie die befallenen Blätter. Die Larven des Kleinen Kohlweißlings sehen grün und samtig aus; sie fressen die Kohlherzen an. Sammeln Sie sie ab, bevor sie sich in den Kohl hineinfressen.

Kraut- und Knollenfäule befällt Tomaten- und Kartoffelpflanzen. Die betroffenen Pflanzen haben braune Flecken auf dem Laub und an den Pflanzenstängeln und weiße Pilzsporen an den Blattunterseiten. An Tomaten und Kartoffeln entwickeln sich eingesunkene Stellen; an den befallenen Tomaten sind mitunter auch lederartige Flecken zu sehen. Dazu kommen andere Pilze und Bakterien, die zur Nassfäule, einer rasch übertragbaren, stark ansteckenden Erkrankung, führen. Die Sporen können kilometerweit vom Wind übertragen werden.

• Kaufen Sie nur resistente Sorten und Saatkartoffeln guter Qualität. Frühe Sorten sind gegen diese Krankheit anfälliger als Lagerkartoffeln.
• Entfernen und vernichten Sie alles befallene Laub.
• Achten Sie auf einen ausreichenden Pflanzabstand, der eine gute Luftzirkulation ermöglicht, und bewässern Sie die Pflanzen nicht von oben.
• Häufeln Sie die Kartoffeln an und mulchen Sie sie mit Stroh, damit die Sporen nicht an die Knollen gelangen.
• Graben Sie am Ende der Saison alle Knollen aus.
• Behandeln Sie die Pflanzen mit einem Kupferfungizid.

Krebs Die Geschwülste werden durch Pilze und Bakterien hervorgerufen, die an den Wurzeln und Stämmen holziger Pflanzen, vor allem bei Obstgehölzen, Missbildungen entstehen lassen.

• Entfernen Sie die erkrankten Pflanzenteile, schneiden Sie dabei bis ins gesunde Gewebe und verbrennen Sie das befallene Material.
• Verbessern Sie die Kulturbedingungen.

Pastinakenkrebs ist an roten Flecken am Wurzelkopf und an Faulstellen zu erkennen.

• Werfen Sie die Pflanzen weg und kaufen Sie resistente Sorten.

Mäuse schleppen mitunter die frisch ausgepflanzten Setzlinge weg und plündern Ihren Schuppen.

• Schützen Sie die Jungpflanzen mit Glocken oder Abdeckhauben oder stellen Sie Mausefallen auf.

Mehltau ist eine Pilzerkrankung, die in verschiedenen Formen auftritt. Sie entsteht bevorzugt an dicht bewachsenen, feuchten Stellen.

• Sorgen Sie stets für eine gute Belüftung der Pflanzen, entfernen Sie Pflanzenreste und verbrennen Sie befallene Blätter.
• Behandeln Sie die Pflanzen mit einem Kupferfungizid.

Falscher Mehltau ist an gelben Flecken auf der Blattoberseite und den flaumigen grauen bis violetten Flecken zu erkennen, die genau darunter an der Blattunterseite sitzen. Die Blätter werden braun, verformen sich mitunter und sterben ab. Falscher Mehltau tritt ziemlich häufig bei Salat, Spinat, Zwiebeln und Erbsen auf.

Echter Mehltau richtet weniger Schaden an, da er nicht in die Pflanze eindringt. Er überzieht Blätter, Stängel und Blüten mit einem grauen Belag.

Möhrenfliegen legen unbemerkt Fraßgänge in Möhren, Knollen- und Bleichsellerie, Pastinake und Petersilienwurzeln an. Wegen ihrer geringen Flughöhe können sie mit Zäunen aus Gartenvlies wirksam bekämpft werden.

Nacktschnecken sind eine überall anzutreffende Plage. Es gibt viele unterschiedliche Arten, angefangen von der kleinen dunkelgrauen europäischen Gartenwegschnecke bis zu den großen orangebraunen Schnecken, die auch unsere Kleingärten heimsuchen. Manche leben im Boden und greifen Wurzeln und Knollen an, andere schädigen die Pflanzen im Boden und auch überirdisch und es gibt sogar eine Fleisch fressende Nacktschnecke (eine Art der *Testacella*, die ein kleines Gehäuse auf dem Rücken trägt), die Erdwürmer und andere Schnecken vertilgt. Schnecken lieben warmes, feuchtes Wetter; sie verlassen nachts ihre Verstecke und gehen auf Nahrungssuche. Sie suchen unter Steinen, in Laubhaufen, unter Gartenabfällen im Boden und unter Mulchdecken (der einzige Nachteil des Mulchens) Schutz und legen dort auch ihre Eier ab.

• Schaffen Sie günstige Lebensbedingungen für nützliche Räuber – Frösche, Kröten, Vögel, Igel, Spitzmäuse und Käfer. Frösche und Kröten können Sie ansiedeln, indem Sie einen kleinen Teich anlegen.
• Decken Sie kleine Pflanzen mit Glocken ab.
• Streuen Sie rund um die gefährdeten Pflanzen eine Schicht scharfkantiges (Kies, Eierschalen) oder trockenes Material (Holzspäne, Ruß, Asche, Kreide).
• Halten Sie Nachtwache, sammeln Sie die Schnecken auf und werfen Sie sie in eine starke Salzlösung oder in Paraffin. Wollen Sie die Tiere nicht mit bloßen Fingern anfassen, tragen Sie Gummihandschuhe.
• Versenken Sie Gefäße mit verdünntem Bier oder Milch im Boden, die die Schnecken anlocken und ertrinken lassen. Wechseln Sie den Köder von Zeit zu Zeit. Verzichten Sie auf diese Art der Schneckenbekämpfung, wenn Sie in den Fallen Käfer finden.
• Melonen- und Grapefruitschalen, alte Bretter oder feuchtes Zeitungspapier sind gute Verstecke, an denen sich die Schnecken gern versammeln.
• Bieten Sie den Schädlingen andere Futterquellen. Schnecken ziehen alte Pflanzenreste frischer Nahrung vor. Legen Sie also einige Salatblätter beispielsweise unter einen alten Dachziegel, wo sie feucht bleiben. Die Schnecken werden davon angelockt und können dann an der Stelle aufgesammelt werden.
• Der Handel bietet Nützlinge (parasitische Nematoden) an, die tödlich wirkende Bakterien in die Schädlinge gelangen lassen. Da sie recht kostspielig sind und ihr Werk nur etwa sechs Wochen lang tun, sind sie für größere Nutzgärten kaum geeignet.

Nassfäule ist eine durch Pilze und Bakterien verursachte Erkrankung, die das Pflanzengewebe zersetzt. Sie befällt Kohl- und Speiserüben, an denen sie sich als weiche graue Fäulnis auf nassem Untergrund zeigt.

• Versuchen Sie es wegen der besseren Drainage mit erhöhten Beeten.

△ Ackerschnecke.

Rote Spinnmilben sind spinnenartige Pflanzensauger, die auf den Blättern vieler unterschiedlicher Pflanzen Kolonien bilden. Sie sind mit bloßem Auge kaum zu sehen, ihre Anwesenheit wird an einer gelben Sprenkelung der Blätter sichtbar.
• Die Schädlinge gedeihen am besten bei Trockenheit; regelmäßiges Besprühen der Pflanzen mit Wasser hält sie in Schach.
• Wenden Sie im Abstand von jeweils sechs Tagen dreimal Derris-Emulsion an.

Rotpustelkrankheit wird durch einen orangefarbenen Pilz hervorgerufen, der in Wunden oder abgestorbene Äste eindringt und Spitzendürre hervorruft. Besonders anfällig sind Johannisbeeren.
• Schneiden Sie alle befallenen Triebe bis ins gesunde Holz zurück und verbrennen Sie sie.

Samtfleckenkrankheit tritt meist nur bei Treibhaustomaten auf, die in sehr feuchter Atmosphäre wachsen. An den Unterseiten der Blätter erscheint ein grünlicher Pilzrasen, der auf den Blattoberseiten gelbe Flecke entstehen lässt. Die Blätter welken und sterben ab. Die Erkrankung ist stark ansteckend.
• Bauen Sie nur resistente Sorten an.
• Vernichten Sie kranke Pflanzen. Sorgen Sie für eine gute Belüftung des Treibhauses.
• Bewässern Sie die Pflanzen nicht von oben.
• Behandeln Sie die Pflanzen mit einem Kupferfungizid.

Schokoladenfleckenkrankheit ist eine Pilzerkrankung, die vor allem Dicke Bohnen befällt. Auf den Blättern der befallenen Pflanzen erscheinen vor allem bei feuchter Witterung braune Flecken.
• Überzeugen Sie sich, dass die Bohnen guten, nährstoffreichen Boden haben, der gut durchlüftet und drainiert ist.
• Ziehen Sie stark geschädigte Pflanzen aus dem Boden.
• Halten Sie den Boden frei von Unkräutern und Gartenabfällen.
• Behandeln Sie die Pflanzen mit einem Kupferfungizid.

Selleriefliegen sind kleine Maden, die das Sellerielaub fressen.
• Sammeln Sie die Schädlinge zeitig ab und verbrennen Sie das geschädigte Laub.

Spargelhähnchen Der schwarz-gelb gefleckte Käfer entlaubt die Spargelpflanzen und überwintert im Boden.
• Räumen Sie alle Pflanzenreste vom Beet.
• Wenden Sie pulverförmiges oder flüssiges Derrispräparat an.

Viren treten in vielen Formen auf, und die von ihnen hervorgerufenen Erkrankungen sind nicht heilbar. Die ersten Anzeichen einer Virose ist der Verlust an Lebenskraft und das Kümmern der Pflanzen. Dann erscheinen ungewöhnliche Verfärbungen und mosaikartige, gesprenkelte oder andere Muster auf den Blättern.
• Da Viren meist durch Blattläuse übertragen werden, muss man zunächst diese Schädlinge bekämpfen.

Gurkenmosaikvirus befällt nicht nur Gurken, sondern auch eine ganze Reihe anderer Pflanzen, darunter Gemüsekürbisse, Zucchini, Paprika und Spinat. An den Blättern der befallenen Pflanzen bilden sich unnatürliche gelbe Muster und die Früchte sind missgebildet.
• Verbrennen Sie die befallenen Pflanzen und achten Sie darauf, dass die Infektion nicht weiter übertragen wird.
• Kaufen Sie nur resistente Sorten.
• Entfernen Sie sämtliche Unkräuter und Pflanzenreste; die Sporen können nämlich darin überwintern.

Vögel Reifendes Obst kann in Windeseile von Vögeln „geerntet" werden.

△ Gartenschnecke.

Tauben haben eine besondere Vorliebe für junge Kohlpflanzen; sie können den Ernteertrag spürbar mindern.
• Decken Sie die gefährdeten Stellen mit Netzen ab und stellen Sie Vogelscheuchen auf. Für letztere eignet sich alles, was im Wind flattert. Hier helfen auch an Fäden aufgehängte alte CDs, die sich hin und her drehen und im Sonnenlicht blitzen.

Weisse Fliegen sind winzige flugfähige Insekten, die an der Unterseite der Blätter Pflanzensaft saugen und große Mengen klebrigen Honigtau ausscheiden.
• Schütteln Sie die Pflanzen und saugen Sie die Fliegen mit einem Handstaubsauger auf.
• Besprühen Sie die Pflanzen mit Insektizidseife.

Wurzelfäule zeigt sich in Form von Pilzfäden, die die Wurzeln, den Wurzelhals und Stängel der Pflanzen bedecken. Die Krankheit kann Spargel, Rote Bete, Möhren, Bleichsellerie, Pastinake, Kartoffeln, Erdbeeren, Kohl- und Speiserüben befallen. Erste Anzeichen dafür sind Vergilben und Verkümmern. Die Wurzelfäule tritt am häufigsten in nassen, sauren Böden auf.
• Entfernen und vernichten Sie die Kultur.
• Versuchen Sie es unter veränderten Bedingungen noch einmal.

Zwiebelfliegen sind kleine graue Fliegen, deren weiße Maden die Wurzeln junger Zwiebeln, gelegentlich auch die Wurzeln von Porree, Knoblauch und Schalotten anfressen. Ein Befall durch die Zwiebelfliege ist an vergilbenden äußeren Blättern und beim Hacken rund um die Zwiebeln zu erkennen. Die zweite Generation bohrt sich mitunter in die Wurzeln hinein.
• Vernichten Sie die Pflanzen, bevor die Maden zum Verpuppen in den Boden zurückkehren.
• Wenn Sie anstelle von Saatgut Steckzwiebeln verwenden, entfällt das Ausdünnen der Saatreihen und es wird kein Zwiebelgeruch verbreitet, der die Zwiebelfliegen anlocken würde.

Wenn das Ende des Sommers naht, machen Sie sich über die Vermehrung Ihrer Pflanzen für das nächste Jahr Gedanken. Artischocken und Rhabarber können geteilt werden, neue Weichobstpflanzen gewinnen Sie durch Absenker. Das Sammeln und Aufbewahren von Samen ist ein guter Brauch beim organischen Gärtnern, denn die Samen sind nur selten von Krankheiten befallen.

7

Die Ernte

◁ Wenn der Herbst näherrückt, ist es Zeit all die Früchte Ihrer Arbeit zu ernten. Diese Kürbisse sind in einem Kleingarten in Vermont (USA) gewachsen.

DAS VERMEHREN VON PFLANZEN

Die Meinung, dass es großen Spaß macht selbst gesäte Pflanzen aus den Samen heranwachsen zu sehen, teilen wohl die meisten Gärtner. Auch die Vermehrung der vorhandenen Pflanzen durch Stecklinge oder durch Teilung ist eine sehr befriedigende Arbeit.

- Samen und Zwiebeln
  - Erbsen und Bohnen
  - Schalotten und Knoblauch
- Teilung
  - Rhabarber
  - Artischocken
- Unverholzte Stecklinge
- Absenker

△ Die Samen von Erbsen und Bohnen erscheinen artrein, da sich die Pflanzen selbst bestäuben.

Samen und Zwiebeln

Das Sammeln von Samen kann zu einer richtigen Sucht werden. Allerdings kommt es in einem Kleingarten häufig zu Fremdbestäubung, d. h. Sie haben schließlich einige interessante Pflanzen wie beispielsweise eine Kreuzung aus Blumenkohl und Kopfkohl im Garten, wenn Sie die Pflanzen nicht isolieren.

• **Erbsen** und **Bohnen** sind Selbstbestäuber und müssten daher artrein erscheinen. Lassen Sie einige Schoten an den besten Pflanzenexemplaren hängen, bis sie braun und trocken sind. Droht schlechtes Wetter, ziehen Sie die ganze Pflanze aus dem Boden und hängen sie mit den Wurzeln nach oben im Schuppen auf. Sind die Schoten prasseldürr, enthülsen Sie die Samen und verringern deren Feuchtigkeitsgehalt weiter um ihre Haltbarkeit zu verlängern. Legen Sie sie dazu eine oder zwei Wochen lang in den Trockenschrank. Zerspringen Sie bei einem Hammerschlag, sind sie trocken genug. Bewahren Sie die Samen in Papiertüten an einer kühlen, trockenen Stelle auf.

• **Schalotten** und **Knoblauch** bilden ganze Ansammlungen neuer Zwiebeln. Trocknen Sie diese zwei Monate lang an einer warmen, schattigen und luftigen Stelle und schneiden Sie dann die Spitzen ca. 2,5 cm über der Zwiebel ab. Vereinzeln Sie die Zwiebeln, entfernen Sie die trockenen Schalen und bewahren Sie sie an einem kühlen, trockenen Platz in Netzen auf. Anstelle der Netze können Sie auch alte Strumpfhosen oder Strümpfe verwenden. Werfen Sie beschädigte oder keimende Zwiebeln weg.

Teilung

Viele mehrjährige Pflanzen lassen sich teilen.

1 Schneiden Sie das Laub zurück und nehmen Sie die ganze Pflanze aus dem Boden heraus. Überschüssige Erde an den Wurzeln kann kurz abgespült werden.

Trennen Sie kleine Wurzelballen mit dem Messer

durch; achten Sie darauf, dass sich an jedem Teilstück eine Knospe und einige Wurzeln befinden. Große Wurzelballen werden mit einem Spaten geteilt; bilden die Wurzeln ein wirres Knäuel, stechen Sie zwei Gabeln Rücken an Rücken hinein und ziehen es auseinander.

- **Rhabarber** teilt man im Herbst, wenn die Blätter bereits abgestorben sind.
- **Artischocken** müssen alle drei Jahre geteilt werden, damit die Pflanzen kräftig bleiben.

Die beste Zeit dafür ist das Frühjahr, wenn die Pflanzen auszutreiben beginnen. Stechen Sie den Spaten in den Boden und trennen Sie die Ableger samt einigen Wurzeln und einem Trieb ab.

Unverholzte Stecklinge

Stecklinge von Sträuchern und mehrjährigen Stauden sollten im Spätsommer und nur aus einem gesunden Jahrestrieb gewonnen werden.

1 Nehmen Sie ein ca. 10 cm langes Triebstück ab.

2 Schneiden Sie das Stück unterhalb einer Knospe oder eines Blattgelenks schräg an. Entfernen Sie die Blätter, lassen Sie nur ein Blattpaar an der Spitze stehen.

3 Stippen Sie das untere Ende des Triebstückes in eine Kupferfungizidlösung, pflanzen Sie es in eine Saatschale und bewässern Sie das Pflanzsubstrat. Hier leistet ein Zimmergewächshaus gute Dienste, da die von unten kommende Wärme das Wurzelwachstum anregt.

◁ Wollen Sie beispielsweise Ihre Brombeerpflanzen vermehren, biegen Sie einfach einen gesunden Trieb nach unten und pflanzen ihn in einen Topf mit Erde ein. Er treibt innerhalb weniger Wochen aus und bildet Wurzeln.

Absenker

Das Absenken von Triebspitzen ist eine einfache Methode zum Vermehren vorhandener Gewächse. Es funktioniert besonders gut bei Pflanzen mit bestachelten Trieben, also z. B. bei der Brombeere und der Loganbeere. Suchen Sie im Sommer einen gesunden Trieb aus, lassen Sie ihn aber vorläufig an der Mutterpflanze und stecken Sie dessen Spitze ca. 15 cm tief in einen Topf mit Erde ein. Hat er innerhalb weniger Wochen ausgetrieben und Wurzeln entwickelt, wird er von der Mutterpflanze getrennt.

◁ Majoran wird – wie viele andere mehrjährige Kräuter auch – zum Vermehren ausgegraben und in mehrere Pflanzstücke geteilt. Setzen Sie die neuen Pflanzen wieder in den Boden und bewässern Sie sie gut, bis sie Fuß gefasst haben.

DIE LAGERUNG DES ERNTEGUTES

Bewahren Sie Ihre Ernte ordnungsgemäß gelagert, tiefgefroren, getrocknet, als Kompott, Marmelade oder Konfitüre in Gläsern oder als Wein in Flaschen auf, damit Sie sie im Winter genießen können. Küchenkräuter zum Würzen Ihrer Speisen können getrocknet oder tiefgefroren, duftendes Laub und Blütenblätter für Potpourris und Duftsäckchen verwendet werden.

△ Rosenkohl hält sich viele Wochen lang, wenn man die ganze Pflanze kopfüber in einen kühlen, trockenen Schuppen hängt.

Was wird Wie gelagert?
Während der größte Teil des feinen Gemüses und des Weichobstes im Tiefkühlschrank konserviert wird, kann in größeren Mengen anfallendes Erntegut trocken gelagert werden. Vermeiden Sie bei der Ernte Beschädigungen oder Druckstellen an den Früchten, denn ein verfaulter Apfel kann den Inhalt einer ganzen Lagerkiste verderben. Suchen Sie nur die besten Früchte aus und bewahren Sie sie an einer trockenen, luftigen Stelle auf. Kontrollieren Sie sie von Zeit zu Zeit und entfernen Sie dabei alles, was nicht mehr gut aussieht. Frühe Sorten sind nicht so gut haltbar wie ausgesprochene Lagerfrüchte.

• **Kartoffeln** werden dunkel und in zugebundenen Säcken aus Papier (nicht aus Kunststoff!) aufbewahrt. Die Lagertemperatur sollte über 5 °C liegen.

• **Zwiebeln** und **Knoblauch** werden zunächst einige Tage lang in der Sonne getrocknet und dann zu Zöpfen geflochten oder in Netzen an einen kühlen, luftigen Platz gehängt.

• **Rote Rüben, Möhren, Knollensellerie, Kohlrabi, Pastinake, Kohl- und Speiserüben** halten sich gut an einem trockenen, luftigen Platz, solange sie nicht beschädigt sind. Drehen Sie das Laub ab und packen Sie sie ungewaschen in Kisten mit Sand oder Sägemehl.

• **Äpfel** sollte man an einem trockenen Tag pflücken. Fassen Sie die Äpfel leicht mit der hohlen Hand, damit keine Druckstellen entstehen und drehen Sie sie vorsichtig samt Stiel von den Zweigen ab. Packen Sie die Früchte einzeln in Öl- oder Wachspapier und lagern Sie sie in Kisten oder Körben an einem kühlen, luftigen Platz.

• **Birnen** werden bereits geerntet, wenn sie noch hart sind, und uneingepackt und mit dem Stiel nach oben in jeweils nur einer Schicht gelagert. Bringen Sie sie bei Bedarf zum Reifen ins Haus.

• **Kräuter**, die getrocknet werden sollen, muss man noch vor der Blüte an einem trockenen Tag ernten und in Bündeln an einem luftigen Ort aufhängen. Sind die Pflanzen richtig trocken, wer-

den sie gerebelt in Büchsen aufbewahrt. Kräuter kann man auch zusammen mit duftenden Blütenblättern für Potpourris oder Duftsäckchen verwenden.
Tomaten, Äpfel, Pflaumen und Birnen können auch an der Sonne getrocknet werden. Schneiden Sie die Früchte dazu in Ringe und lassen Sie sie entweder an der Sonne oder mehrere Stunden lang bei sehr schwacher Hitze im Backherd trocknen. Bewahren Sie die Trockenfrüchte schichtweise zwischen Wachspapier auf.

▽ Bei der Ernte im Herbst fallen oftmals in kurzer Zeit große Mengen Früchte an. Vieles kann sofort zum Kochen verwendet oder für die bevorstehende kalte Jahreszeit eingefrostet werden.

▷ Zwiebeln müssen nach der Ernte in der Sonne trocknen, ehe man sie zu Zöpfen flicht und aufhängt.

Das Ende des Gartenjahres

• Bringen Sie im Herbst den im Sommer angefallenen Kompost für das nächste Jahr auf die Beete und legen Sie mit den Überresten der Ernte, mit Unkraut und zerkleinerten Zweigen vom Baumschnitt einen neuen Komposthaufen an.
• Sammeln Sie das Falllaub und schütten Sie es entweder ebenfalls auf den Komposthaufen oder lagern Sie es gesondert, damit daraus Lauberde entsteht.
• Schneiden Sie die abgetragenen Fruchtruten der Brombeer-, Himbeer- und sonstigen stacheligen Weichobstgewächse ab.
• Kontrollieren Sie, ob die Stützen noch fest stehen und die Pflanzen nicht zu eng angeheftet sind.
• Nehmen Sie die Fallrohre aus den Wasserfässern, damit die Fässer im Winter nicht überlaufen und ihre Umgebung unter Wasser setzen.
• Säen Sie Frühjahrskohl, Dicke Bohnen und pflanzen Sie Knoblauch sowie Blumenzwiebeln.
• Vielleicht haben Sie bereits im Spätsommer Gründüngungspflanzen ausgesät, damit der Boden verbessert und nicht ausgelaugt wird. Ist das nicht der Fall, überlegen Sie, wie Sie den Boden für den Winter behandeln wollen. Stark verunkrautete Stellen können mit einem alten Teppich oder mit schwarzer Kunststofffolie abgedeckt werden. Haben Sie Probleme mit Schädlingen, die im Boden leben, graben Sie den Boden leicht um, damit die Vögel diese Schädlinge vertilgen können. Schwerer Tonboden sollte umgegraben werden, damit der Frost sein Werk tun und die Schollen aufbrechen kann.

▷ Graben Sie den Boden im Herbst um, damit der Frost die schweren Erdschollen aufbrechen kann.

▷ Seite 93: Auch im Winter können Sie in Ihrem Kleingarten gesundes, frisches Gemüse wie beispielsweise diese Winterkohlarten ernten.

Gartenarbeiten im Herbst

- **Wenn der Herbst kommt, schneiden Sie die Erbsen- und Bohnenpflanzen über dem Erdreich ab. Lassen Sie die Wurzeln im Boden. Haben Sie die Pflanzen an Drahtgeflecht emporklettern lassen, entfernen Sie daraus alle Pflanzenreste und verbrennen Sie sie, damit eventuell vorhandene Krankheitskeime vernichtet werden.**
- **Graben Sie sämtliche abgeerntete Kohlstrünke aus und schneiden Sie alle gelben Blätter von den überwinternden Kohlpflanzen ab.**
- **Häufeln Sie Rosenkohl, Bleichsellerie und Porree an, damit die Pflanzen im kalten Winterwind fest stehen.**
- **Legen Sie frisches Stroh unter die Blätter der Erdbeerpflanzen.**
- **Graben Sie die Chicoréewurzeln aus und lagern Sie sie in Kisten mit Sand, damit sie im Winter austreiben.**
- **Knicken Sie die Blumenkohlblätter und legen Sie sie über die Blume.**
- **Rechen Sie das Laub zusammen und kompostieren Sie es. Räumen Sie nicht zu gründlich auf. Lassen Sie einige Beeren und Samenkapseln für die Vögel stehen.**

• Reinigen Sie das Treibhaus, waschen Sie die Blumentöpfe aus und werfen Sie den alten Kompost weg. Säubern und fetten Sie Ihre Werkzeuge.

Der Kleingarten im Winter

In der Winterkälte ruht die Arbeit im Kleingarten. Schauen Sie dennoch alle zwei Wochen nach, ob alles in Ordnung ist, etwas zu verschneiden, auszubessern oder zu reparieren ist, solange der Boden brachliegt. Dabei kann es durchaus noch etwas zu ernten geben – Porree, Bleichsellerie, Kohl, Feldsalat, Sprossenbrokkoli, Mangold, Rosenkohl, Spinat und Schwarzwurzel, das man neben den im Sommer geernteten Lagerfrüchten genießen kann.

Die Kleingärtner können nun die Füße hochlegen und das vergangene Gartenjahr vor ihrem geistigen Auge vorüberziehen lassen, Pflanzenkataloge studieren und sich schon einen Arbeitsplan für das nächste Jahr zurechtlegen. Das Schöne am Kultivieren meist einjähriger Pflanzen, womit sich ja die Mehrzahl der Kleingärtner beschäftigt, ist die Tatsache, dass man jedes Jahr ganz neu beginnt und stets ein Fleckchen frei hat um etwas Unbekanntes auszuprobieren.

Beim Gärtnern können Sie immer wieder etwas Neues lernen.

REGISTER

DANKSAGUNG

Ich möchte den vielen Kleingärtnern danken, mit denen ich bei der Erarbeitung des Buches zusammengetroffen bin. Sie haben meine ständigen Fragen mit Humor hingenommen und mir sehr großzügig ihre Zeit gewidmet. Mein besonderer Dank gilt Jean Keiffer und Annie Hoffman, die ihre Wochenenden geopfert haben und mit mir in Kleingartenanlagen in Luxemburg, Frankreich, Belgien und anderswo gefahren sind; und Hermann Vroklage, der mich auf eine faszinierende Reise durch die Amsterdamer Freizeitgärten geschickt hat. Die vielleicht beeindruckendste Anlage war Amstelglorie, wo nach neuen Prinzipien organisch gegärtnert wird. Ich danke auch Wim Hemker, dem Gärtner, der Amstelglorie zu seinem Lebenswerk gemacht und mir die ganze Anlage gezeigt hat.

Ewig dankbar bin ich einem meiner langjährigen Freunde, Bill Scobie, der den Text gelesen (mit hochgezogenen Augenbrauen, wie ich fürchte) und mir wie immer seine sehr hilfreiche Kritik präsentiert hat. Das gleiche gilt für Dr. Richard Wiltshire (QED Allotments, Dartford), der mir zu Beginn den richtigen Weg gewiesen hat und schließlich mein Mentor wurde. Ich danke auch Allan Rees, dem Vorsitzenden der National Association of Allotments and Leisure Gardens, für eine Reihe aufschlussreicher Gespräche. Nicht zuletzt geht mein herzlicher Dank an Rosemary Wilkinson, Clare Johnson und Kate Latham bei New Holland Publishers, für die ausgezeichnete Zusammenarbeit.